Mise

EXERCICES
DE grammaire
EN CONTEXTE

Niveau débutant

Anne Akyüz
Bernadette Bazelle-Shahmaei
Joëlle Bonenfant
Marie-Françoise Flament
Jean Lacroix
Daniel Moriot
Patrice Renaudineau

EUROCENTRES

HACHETTE
Français langue étrangère
www.hachettefle.fr

Avant-propos

Ce premier ouvrage des « exercices de grammaire en contexte » s'adresse à des étudiants adolescents ou adultes, **débutants complets** pour un travail en classe ou en autonomie.

Ce livre d'**entraînement** et de **pratique** comporte **15 chapitres** qui mettent en relation la progression grammaticale et les situations de communication de base. Un sommaire détaillé et des **consignes simples** rendent l'utilisation de l'ouvrage aisée.

Dans chaque chapitre, des **tableaux synthétiques** « aide-mémoire » rappellent le point de grammaire pratiqué. Les exercices d'application sont **en contexte** et présentent parfois un **objectif fonctionnel** pour permettre une réutilisation immédiate en situation de communication par exemple sous forme de **jeux de rôles**.

L'unité lexicale de la majorité des exercices facilite la mémorisation du vocabulaire de base utile à ce niveau.

Un bilan test, à la fin de chaque chapitre, reprend les principaux éléments abordés.

Cinq évaluations à la fin du livret – avec leurs corrigés – reprennent plusieurs points grammaticaux et permettent de mesurer le degré d'acquisition.

L'ouvrage comporte **deux index** : un index grammatical et un index des objectifs fonctionnels.

Les **corrigés** des exercices se trouvent dans un livret séparé.

Les « exercices de grammaire en contexte » font donc pratiquer à la fois les structures grammaticales, le vocabulaire et les fonctions de communication indispensables à ce niveau.

Les auteurs

Couverture et maquette intérieure :	Christophe et Guylaine Moi
Réalisation :	Médiamax
Secrétariat d'édition :	Catherine Gau
Illustrations :	Philippe Chapelle

ISBN 978-2-01-155133-7

© HACHETTE LIVRE 2000, 43 quai de Grenelle, F 75 905 Paris Cedex 15.
Tous les droits de traduction, de reproduction et d'adaptation réservés pour tous pays.

Le code de la propriété intellectuelle n'autorisant, aux termes des articles L.122-4 et L.122-5, d'une part, que « les copies ou reproductions strictement réservées à l'usage privé du copiste et non destinées à une utilisation collective » et, d'autre part, que « les analyses et les courtes citations » dans un but d'exemple et d'illustration, « toute représentation ou reproduction intégrale ou partielle, faite sans le consentement de l'auteur ou de ses ayants droit ou ayants cause, est illicite ».
Cette représentation ou reproduction, par quelque procédé que ce soit, sans autorisation de l'éditeur ou du Centre français de l'exploitation du droit de copie (20, rue des Grands-Augustins, 75006 Paris), constituerait donc une contrefaçon sanctionnée par les articles 425 et suivants du Code pénal.

Sommaire

Chapitre 1 – Le présent de l'indicatif : *être et avoir* — 5

A. Le verbe, les pronoms sujet et tonique — 5
B. *Il est / c'est* — 7
Bilan — 8

Chapitre 2 – Le présent de l'indicatif — 10

A. Les verbes en *-er* — 10
B. Les verbes en *-ir/-re/-oir* — 14
C. Les verbes pronominaux — 17
D. Les verbes modaux — 18
Bilan — 21

Chapitre 3 – L'interrogation — 24

A. *Est-ce que... ?* — 24
B. Les mots interrogatifs — 25
C. Trois façons de poser une question — 26
D. *Qu'est-ce que... comme..., Quel...* — 28
Bilan — 30

Chapitre 4 – La phrase négative — 32

A. *Ne (n')... pas* — 32
B. *Ne (n')... personne* — 39
C. *Ne (n')... rien* — 40
Bilan — 41

Chapitre 5 – L'expression du temps — 43

A. Les moments dans le temps — 43
B. Les prépositions de temps — 46
C. Les adverbes de fréquence — 47
Bilan — 48

Chapitre 6 – L'expression du lieu — 50

A. L'utilisation de l'article — 50
B. L'utilisation des prépositions — 51
C. Les prépositions *à* et *de* — 52
D. Les prépositions *à* et *chez* — 53
E. Les expressions de lieu — 54
F. L'utilisation des verbes — 57
Bilan — 58

Chapitre 7 – Le nom et l'article — 60

A. Le masculin et le féminin du nom — 60
B. Le singulier et le pluriel du nom — 62
C. L'article indéfini et l'article défini — 63
D. L'article contracté après les prépositions *à* et *de* — 67
Bilan — 68

Chapitre 8 – Les adjectifs démonstratifs et possessifs — 71

A. L'adjectif démonstratif — 71
B. L'adjectif possessif — 73
Bilan — 75

Chapitre 9 – L'adjectif qualificatif — 77

A. Le masculin et le féminin de l'adjectif — 77
B. Le singulier et le pluriel de l'adjectif — 80
C. La place de l'adjectif — 82
Bilan — 85

Chapitre 10 – La comparaison — 86

A. L'adjectif et l'adverbe — 86
B. Le nom — 88
C. Le verbe — 89
Bilan — 90

Chapitre 11 – L'article partitif et les quantités — 92

A. *Du, de la, de l', des* — 93
B. Le pronom *en* — 96
C. La question *combien de... ?* — 99
Bilan — 100

Chapitre 12 – Les pronoms personnels compléments — 102

A. Les pronoms compléments d'objet direct — 102
B. Les pronoms compléments d'objet indirect — 104
C. La forme négative — 106
Bilan — 107

Chapitre 13 – Les pronoms relatifs *qui* et *que* — 110

A. Le pronom relatif *qui* — 110
B. Le pronom relatif *que* — 112
Bilan — 113

Chapitre 14 – Le futur proche — 115

A. La forme affirmative — 115
B. La forme négative — 116
Bilan — 118

Chapitre 15 – Le passé composé — 120

A. Le participe passé — 120
B. Le passé composé avec *avoir* — 121
C. Le passé composé avec *être* — 123
D. La forme négative — 126
Bilan — 127

Évaluations — 129

Évaluation 1 – Chapitres 1, 2, 3, 4 — 130
Évaluation 2 – Chapitres 5, 6 — 132
Évaluation 3 – Chapitres 7, 8, 9, 10 — 134
Évaluation 4 – Chapitres 11, 12, 13 — 136
Évaluation 5 – Chapitres 14, 15 — 138

Corrigés des évaluations — 140

Index grammatical — 142

Index fonctionnel — 144

LE PRÉSENT DE L'INDICATIF : *ÊTRE* ET *AVOIR*

> Informer sur les personnes (âge, nationalité, profession) ➤ Présenter une personne

A. LE VERBE, LES PRONOMS SUJET ET TONIQUE

AVOIR	ÊTRE
J'**ai** 3 ans.	Je **suis** jeune.
Tu **as** 10 ans.	Tu **es** écolier.
Il / Elle / On **a** 15 ans.	Il / Elle / On **est** adolescent(e).
Nous **avons** 18 ans.	Nous **sommes** majeurs(es).
Vous **avez** 40 ans.	Vous **êtes** adulte(s).
Ils / Elles **ont** 70 ans.	Ils / Elles **sont** retraités(es).

Attention : *Je* devient *j'* devant *ai*.

1 Conjuguez les verbes *être* et *avoir*.

sommes   ai   ont   ~~suis~~   avez   êtes   as   avons   sont   es   est   a

être
1. Je **suis**
2. Tu ....
3. Il/Elle/On ....
4. Nous ....
5. Vous ....
6. Ils/Elles ....

avoir
7. J'...................
8. Tu ....
9. Il/Elle/On ....
10. Nous ....
11. Vous ....
12. Ils/Elles ....

2 Complétez avec le verbe *être*.

Informer sur la profession

1. Je **suis** musicien.
2. Michel .... boucher.
3. Tu .... chauffeur.
4. Caroline .... gendarme.
5. Ils .... employés de banque.
6. Vous .... médecins.
7. Brigitte .... photographe.
8. Nous .... bijoutiers.

5

CHAPITRE 1
Le présent de l'indicatif : *être* et *avoir*

3 Complétez avec le verbe *avoir*.

1. Nous **avons** une grande maison.
2. Daniel .... une belle voiture.
3. Tu .... un appartement moderne.
4. Ils .... quatre vélos.
5. Vous .... un beau bateau.
6. J'............... un avion privé.
7. Nous .... des tableaux de Picasso.
8. Paul et Marc .... une moto.

PRONOMS TONIQUES	PRONOMS SUJETS	EXEMPLES
moi	je (j')	**Moi, j'**ai 25 ans.
toi	tu	Et **toi, tu** es français(e) ?
lui	il	**Lui, il** n'a pas d'enfants.
elle	elle	**Elle, elle** est mariée.
nous	nous	**Nous, nous** sommes célibataires.
vous	vous	**Vous, vous** êtes étudiants(es) ?
eux	ils	**Eux, ils** sont adolescents.
elles	elles	**Elles, elles** sont sœurs.

Attention : Le pronom sujet *vous* s'utilise pour plusieurs personnes (*vous* collectif) ou pour une seule personne, homme ou femme (*vous* de politesse).

4 Complétez avec un pronom sujet.

Informer sur la nationalité

1. Moi, *je* suis français.
2. Lui, ... est coréen.
3. Elles, ... sont mexicaines.
4. Nous, ... sommes espagnols.
5. Toi, ... es algérien.
6. Elle, ... est japonaise.
7. Vous, ... êtes américains.
8. Eux, ... sont cambodgiens.

5 Complétez avec un pronom tonique.

Informer sur l'âge

1. *Elles*, elles ont 7 ans.
2. ...., vous avez 16 ans.
3. ...., j'ai 21 ans.
4. ...., nous avons 36 ans.
5. ...., vous avez 41 ans.
6. ...., elle a 50 ans.
7. ...., il a 68 ans.
8. ...., ils ont 77 ans.

CHAPITRE 1
Le présent de l'indicatif : *être* et *avoir*

B IL EST / C'EST

IL/ELLE EST ILS/ELLES SONT + adjectif	IL/ELLE EST ILS/ELLES SONT + nom	C'EST CE SONT + nom avec un article	C'EST + le nom d'une personne
Il est célèbre. Elles sont russes.	Elle est écrivain. Ils sont professeurs.	C'est un écrivain. Ce sont des Anglais.	C'est Sophie. C'est Monsieur Leroux.

Attention : Pour la nationalité, l'adjectif commence par une lettre minuscule.
Exemple : *Ils sont français, elles sont suisses.*
Le nom commence par une lettre majuscule.
Exemple : *Les Français, les Suisses.*

6 Associez.
Présenter une personne

1. Lui, c'est
2. Elle est
3. Il a 6 ans, c'est un
4. Ils sont
5. Tu connais ce sportif, c'est un
6. Sa profession ? Il est
7. Elles sont
8. Elle sait tout, c'est une
9. J'aime bien Anne et Paul, ce sont des
10. Cette jeune fille, c'est

a. espagnols.
b. mon père.
c. Corinne.
d. grand judoka.
e. gentilles.
f. vendeur.
g. américaine ou anglaise ?
h. personne très intelligente.
i. petit garçon.
j. personnes agréables.

1.	2.	3.	4.	5.	6.	7.	8.	9.	10.
b									

7 Complétez avec *il est, elle est, ils sont, elles sont, c'est* ou *ce sont*.
Présenter une personne

1. Voilà Pierre, **c'est** mon frère.
2. Tu connais Caroline, ... française.

CHAPITRE 1
Le présent de l'indicatif : *être* et *avoir*

3. Le docteur Dupont, ... un ami de ma famille.
4. Monsieur et madame Lenoir, ... mes voisins.
5. Ces filles, ... très sympathiques, n'est-ce pas ?
6. Je te présente Anne et Louise, ... deux secrétaires. .... des amies.
7. Tu te souviens de Marc, ... directeur maintenant !
8. J'attends Paul et Hélène, ... des collègues de bureau.
9. Regarde cette femme ! .... une actrice célèbre.
10. Mes amis belges ? .... reporters à la télévision.
11. Annie ? .... professeur de français.
12. Entrez. Voici Benoît, ... mon fils.

BILAN

1 Complétez avec *a* ou *est*.

1. Marc .... pharmacien.
2. Alain .... 42 ans.
3. Nicole .... blonde.
4. Ma voisine .... deux petites filles.
5. Claire .... une belle robe.
6. Jean .... sportif.
7. Marie .... contente.
8. Clément .... jeune.

2 Complétez avec *ont* ou *sont*.

1. Ils .... italiens.
2. Yves et Lea .... mariés.
3. Mes amis .... trois enfants.
4. Ces enfants .... beaux.
5. Mes fils .... une voiture.
6. Mes parents .... à la retraite.
7. Ils .... une maison en Corse.
8. Elles .... tunisiennes.

CHAPITRE 1
Le présent de l'indicatif : *être* et *avoir* — Bilan

3 Associez.

1. Votre mari
2. Vous
3. Je
4. Tu
5. Paul et moi
6. Mes parents
7. Sylvie
8. Mes amies
9. J'

a. as deux enfants.
b. est infirmière.
c. sont heureuses à Paris.
d. a une société d'informatique.
e. ont une voiture neuve.
f. ai deux frères.
g. êtes étudiants.
h. suis un peu malade.
i. sommes mariés.

1.	2.	3.	4.	5.	6.	7.	8.	9.

4 Complétez avec *il est, elle est, ils sont, elles sont, c'est, ce sont.*

Acteurs français

– Qui est-ce ?
– .... (1) Juliette Binoche.
– Juliette Binoche ?
– Mais oui, ... (2) une actrice française, ... (3) très célèbre, ... (4) l'héroïne du film *Le Patient anglais*.
– Et lui ?
– Jean Reno. .... (5) français, mais il joue beaucoup aux États-Unis. Lui et Juliette Binoche, ... (6) mes acteurs préférés, ... (7) vraiment excellents.
– Et .... (8) des acteurs connus ?
– Oui, oui, ... (9) très connus, et en plus, Jean Reno, ... (10) un ami de mon père.

CHAPITRE 2
LE PRÉSENT DE L'INDICATIF

➤ Dire ce que l'on fait ➤ Se présenter

A   LES VERBES EN -ER

VERBES RÉGULIERS

Je	.... **e**	Je lav**e** mes vêtements. (laver)
Tu	.... **es**	Tu écout**es** la radio. (écouter)
Il / Elle / On	.... **e**	Il / Elle / On regard**e** un film. (regarder)
Nous	.... **ons**	Nous téléphon**ons**. (téléphoner)
Vous	.... **ez**	Vous prépar**ez** un sandwich. (préparer)
Ils / Elles	.... **ent**	Ils / Elles parl**ent**. (parler)

1 Complétez avec un pronom sujet.

1. *Tu* étudies.
2. .... chantez.
3. ..../.......... téléphonent.
4. .... photographions.
5. .... travailles.
6. ..../.......... dansent.
7. .... dessinons.
8. .... dînez.

2 Soulignez le ou les pronoms sujets corrects.

1. **Je/Nous/Il** joue.
2. **Vous/Nous/Tu** parlez.
3. **On/Je/Elle** regarde.
4. **Elles/Nous/Ils** aiment.
5. **Tu/Je/Ils** donnes.
6. **Elles/Nous/Il** discutent.
7. **Je/On/Tu** marches.
8. **Ils/Nous/On** travaillons.
9. **Vous/Tu/Il** oubliez.
10. **Elle/Je/Tu** reste.

CHAPITRE 2
Le présent de l'indicatif

3 Conjuguez les verbes au présent.
Dire ce que l'on fait

– Je voudrais te poser quelques questions.
– Oui.
– Tu **travailles** ?
– Oui, mais je **travaille** (1) seulement le matin, dans un magasin.
– Tu **déjeunes** chez toi ?
– Ça dépend, parfois je .... (2) chez moi, parfois au restaurant.
– Et l'après-midi, tu **étudies** ?
– Oui, j'........................... (3) généralement de 14 à 18 heures à l'école.
– Tu **rentres** à quelle heure ?
– Je .... (4) vers 19 heures.
– Avec tes parents, vous **dînez** tard ?
– Nous .... (5) vers 20 heures.
– Que faites-vous après ? Vous **discutez** ? Vous **regardez** la télé ?
– Les deux : parfois, nous .... (6), parfois nous .... (7) la télé.

4 Soulignez le verbe correct.

1. Les touristes **visites/visitent** la ville.
2. Nous **déjeuner/déjeunons** à la cafétéria.
3. Tu **termines/terminent** à quelle heure ?
4. Elles **chantons/chantent** bien.
5. Vous **habiter/habitez** en banlieue ?
6. Marie **marche/marches** vite.
7. Ils **porte/portent** des lunettes ?
8. Vous **parle/parlez** bien le français.
9. Les Lemercier **aimons/aiment** la Côte d'Azur.
10. J'**arrive/arrivez** à 8 heures.

5 Conjuguez les verbes au présent.
Dire ce que l'on fait

1. Je *regarde* (**regarder**) des photos.
2. Les enfants .... (**jouer**) dans la rue.
3. Jean-Pierre .... (**étudier**) l'arabe.
4. Nous .... (**dîner**) chez des amis.
5. Tu .... (**regarder**) un film d'aventures.
6. Vous .... (**écouter**) la radio.
7. Les étudiants .... (**regarder**) une vidéo.
8. Marie .... (**déjeuner**) dans un petit restaurant.

CHAPITRE 2
Le présent de l'indicatif

6 Conjuguez les verbes au présent.

Se présenter

Bonjour à tous !
Je m'appelle Christophe. Je suis collégien. J'ai 14 ans. Je **cherche** (1) (**chercher**) des correspondants de tous les pays. À l'école, j'............................ (2) (**étudier**) l'anglais et l'italien.
Je .... (3) (**travailler**) bien. J'............................ (4) (**habiter**) avec mes parents et ma sœur. J'............................ (5) (**adorer**) le sport et les jeux vidéo.
Je .... (6) (**jouer**) aussi du saxophone. J'............................ (7) (**aimer**) voyager. Je .... (8) (**collectionner**) les cartes postales. J'espère recevoir beaucoup de lettres. Merci ! À bientôt.

■ LES CAS PARTICULIERS EN *-ER*

ALLER	
Je **vais**	Nous **allons**
Tu **vas**	Vous **allez**
Il / Elle / On **va**	Ils / Elles **vont**

7 Conjuguez le verbe *aller* au présent.

Dire ce que l'on fait

– Qu'est-ce que tu fais ce soir ?
– Je **vais** (1) chez des amis boire un verre et après nous .... (2) au théâtre.
– Tu .... (3) souvent au théâtre ?
– Moi, non, mais mes amis y .... (4) une fois par semaine.
– Vous .... (5) voir quoi ?
– Je ne sais pas.

LES VERBES EN *-CER, -GER*	
Je commence	Je mange
Tu commences	Tu manges
Il / Elle / On commence	Il / Elle / On mange
Nous commen**ç**ons	Nous mang**e**ons
Vous commencez	Vous mangez
Ils / Elles commencent	Ils / Elles mangent

Autres verbes sur le même modèle : *placer, remplacer, bouger, corriger, changer, partager...*

CHAPITRE 2
Le présent de l'indicatif

8 Conjuguez les verbes au présent.

a| Manger, voyager, changer

– John, en Angleterre, vous **mangez** (1) quoi au petit déjeuner ?
– En général, les Anglais .... (2) des toasts, des œufs et du bacon mais dans ma famille, nous .... (3) des céréales.
– Et quand tu .... (4), tu .... (5) tes habitudes ?
– Oui, bien sûr, à Paris, je .... (6) du pain et de la confiture.

b| Commencer

– Ton mari et toi, vous .... (7) à quelle heure le matin ?
– Nous .... (8), en général à la même heure, à 8 heures. Et toi, tu .... (9) tôt aussi ?
– Non, je .... (10) à 10 heures.

■ AUTRES VERBES EN *-ER*

APPELER	ACHETER	PRÉFÉRER
J'app**elle**	J'ach**ète**	Je préf**è**re
Tu app**elles**	Tu ach**ètes**	Tu préf**è**res
Il / Elle / On app**elle**	Il / Elle / On ach**ète**	Il / Elle / On préf**è**re
Nous appelons	Nous achetons	Nous préférons
Vous appelez	Vous achetez	Vous préférez
Ils / Elles app**ellent**	Ils / Elles ach**ètent**	Ils / Elles préf**è**rent

Autres verbes sur le modèle de *préférer* : *répéter, espérer*.

9 Conjuguez les verbes au présent.

a| Préférer, espérer

– Quand **préférez**-vous (1) partir, aujourd'hui ou un autre jour ?
– Nous, nous .... (2) lundi, et toi, tu .... (3) quel jour ?
– Moi, je .... (4) mercredi.
– Et tes amis ?
– Je crois qu'ils .... (5) jeudi.
– J'........................... (6) qu'on va se mettre d'accord.

CHAPITRE 2
Le présent de l'indicatif

b| Acheter

– Qu'est-ce que vous .... (7) pour l'anniversaire de Sébastien ?

– Nous .... (8) une montre, et toi, qu'est-ce que tu .... (9) ?

– Une cravate. Et ses parents, tu sais ce qu'ils .... (10) ?

PAYER	ENVOYER
Je p**aie**/p**aye**	J'env**oie**
Tu p**aies**/p**ayes**	Tu env**oies**
Il / Elle / On p**aie**/p**aye**	Il / Elle / On env**oie**
Nous pa**yons**	Nous env**oyons**
Vous pa**yez**	Vous env**oyez**
Ils / Elles pa**ient**/pa**yent**	Ils / Elles env**oient**

Attention : Les verbes en *-ayer* (je, tu, il, ils) ont deux orthographes possibles.

10 Conjuguez les verbes au présent.

a| Payer

– Vous **payez** (1) comment ?

– Je .... (2) avec ma carte de crédit.

– Et vous ?

– Nous, nous .... (3) par chèque.

– Qui .... (4) en espèces ?

– Moi.

b| Envoyer

– Vous .... (5) beaucoup de lettres en vacances ?

– Des lettres ? Non, j'............................ (6) surtout des e-mail. Et toi ?

– Moi, j'écris aux amis qui m'............................ (7) aussi des cartes postales.

B LES VERBES EN -IR, -RE, -OIR

LES VERBES RÉGULIERS EN -IR		
Je .... **is**	Je fin**is** à 18 heures.	
Tu .... **is**	Tu fin**is** ton travail.	
Il / Elle / On .... **it**	Il / Elle / On fin**it** très tard.	
Nous .... **ons**	Nous finiss**ons** de manger.	
Vous .... **ez**	Vous finiss**ez** cet exercice.	
Ils / Elles .... **ent**	Ils / Elles finiss**ent** tôt.	

CHAPITRE 2
Le présent de l'indicatif

11 Complétez avec les verbes au présent.

choisir   finir   obéir   réfléchir   remplir   réussir   ~~rougir~~   salir

1. Elles sont timides, elles **rougissent** facilement.
2. Vous ne discutez pas, vous .... immédiatement !
3. Tu veux du jus d'orange ? Je .... ton verre ?
4. Nous commençons tôt et nous .... souvent très tard.
5. Vous .... avant de répondre, s'il vous plaît !
6. Tu .... quelle cravate pour le mariage ?
7. Elle .... toujours ses omelettes, moi, jamais.
8. Les chiens .... les trottoirs. Quelle horreur !

■ QUELQUES VERBES IRRÉGULIERS EN -IR, -RE, -OIR

SORTIR	PRENDRE
Je sor**s**	Je prend**s**
Tu sor**s**	Tu prend**s**
Il / Elle / On sor**t**	Il / Elle / On pren**d**
Nous sort**ons**	Nous pren**ons**
Vous sort**ez**	Vous pren**ez**
Ils / Elles sort**ent**	Ils / Elles prenn**ent**

Attention : Le verbe *faire* se conjugue : *je fais, tu fais, il/elle/on fait, nous faisons, vous faites, ils/elles font.*
Le verbe *dire* se conjugue : *je dis, tu dis, il/elle/on dit, nous disons, vous dites, ils/elles disent.*
Le verbe *voir* se conjugue : *je vois, tu vois, il/elle/on voit, nous voyons, vous voyez, ils/elles voient.*

12 Conjuguez le verbe *faire* au présent.

Dire ce que l'on fait

– Qu'est-ce que tu **fais** (1) généralement le dimanche ?
– Moi, je ne .... (2) rien de spécial, ça dépend. Et toi ?
– Mon amie et moi, nous .... (3) souvent du sport.
– Vous .... (4) quoi, comme sport ?
– Moi, de la natation et mon amie, elle, ... (5) du tennis avec ses copines.
  Elles .... (6) beaucoup de matches.
– Et dimanche prochain, vous .... (7) du sport, comme d'habitude ?
– Non, nous .... (8) quelque chose de complètement différent :
  un pique-nique dans la forêt de Fontainebleau.

15

CHAPITRE 2
Le présent de l'indicatif

13 Conjuguez les verbes au présent.

écrire ~~sortir~~ boire prendre partir lire venir dire

1. Tous les samedis, je **sors** dans les discothèques. Mes amies, elles, **sortent** rarement.
2. Pour aller au bureau, je .... l'autobus ; vous, vous .... toujours la voiture ?
3. On .... en vacances en août généralement, et tes parents, ils .... quand ?
4. Je .... souvent des romans policiers, et vous, vous .... quoi ?
5. Paul .... toujours des cartes postales, mais vous, vous .... très peu !
6. Après le déjeuner, mes collègues .... un café, moi je .... un thé.
7. Nous .... souvent dans ce gymnase, les autres étudiants .... aussi.
8. Le matin, vous .... « bonjour » avec un sourire, mes voisins .... « salut », c'est tout !

14 Conjuguez les verbes au présent.

Dire ce que l'on fait

Alain et moi, nous **allons** (1) (**aller**) tous les étés en vacances dans les Pyrénées. En général, nous .... (2) (**partir**) début août. C'est Alain qui .... (3) (**conduire**) et nous .... (4) (**mettre**) à peu près 10 heures en voiture. Nous .... (5) (**prendre**) une location pour deux semaines. Alain .... (6) (**faire**) du vélo presque tous les jours. Moi je .... (7) (**lire**). Le soir, nous .... (8) (**sortir**) souvent. Quelquefois nous .... (9) (**voir**) des amis qui .... (10) (**venir**) chez nous pendant deux ou trois jours. Nous aimons beaucoup ces deux semaines de vacances en montagne.

CHAPITRE 2
Le présent de l'indicatif

C. LES VERBES PRONOMINAUX

SE RÉVEILLER	S'ARRÊTER
Je **me** réveille	Je **m'**arrête
Tu **te** réveilles	Tu **t'**arrêtes
Il / Elle / On **se** réveille	Il / Elle / On **s'**arrête
Nous **nous** réveillons	Nous **nous** arrêtons
Vous **vous** réveillez	Vous **vous** arrêtez
Ils / Elles **se** réveillent	Ils / Elles **s'**arrêtent

Attention : Devant une voyelle et un h muet *me, te, se* deviennent *m', t', s'*.
Exemples d'autres verbes pronominaux : *s'appeler, s'asseoir, s'habiller, se laver...*
Certains verbes pronominaux sont réciproques : *nous nous parlons, vous vous téléphonez, ils/elles s'écrivent.*

15 Complétez avec les verbes au présent.

se doucher   se lever   ~~se réveiller~~   se maquiller   s'habiller   se parfumer   se coucher

1. Les enfants **se réveillent** à quelle heure pour aller à l'école ?
2. Tu .... tôt le dimanche ?
3. Vous .... à quelle heure pendant la semaine ?
   – Vers 22 heures.
4. Quand il fait très chaud, je .... deux fois par jour.
5. Elle .... toujours avec des vêtements à la mode !
6. Elle est très coquette, le matin, elle .... pendant une demi-heure devant le miroir.
7. Aujourd'hui, les hommes aussi .... Ils préfèrent l'eau de toilette à l'après-rasage.

16 Complétez avec le pronom correct et dites si la phrase est logique.

	Logique	Pas logique
1. Quand on **s'**amuse, on rit beaucoup.	X	
2. Ils n'aiment pas marcher. Ils .... promènent tous les jours.		
3. Je .... ennuie quand la conférence est intéressante.		
4. Quand vous êtes fatigué, vous .... reposez.		
5. Ils ne connaissent pas la ville. Ils .... perdent souvent.		
6. Nous voulons faire du sport. Nous .... inscrivons dans un club.		

17

CHAPITRE 2
Le présent de l'indicatif

17 Complétez avec les verbes au présent.

s'aimer   se voir   ~~se téléphoner~~   se disputer
se parler   se retrouver   se raconter

1. Ils n'aiment pas écrire, alors ils **se téléphonent**.
2. Ils sont très amoureux, ils .... à la folie.
3. Au concert classique, on .... à voix basse.
4. J'habite loin de chez mes parents, nous .... une fois par mois.
5. Annie et Sophie sont très amies, elles .... toutes leurs histoires.
6. Les enfants .... souvent pour des bêtises.
7. On .... où ce soir ? Devant le cinéma ?

D LES VERBES MODAUX

DEVOIR	SAVOIR
Je **dois** me réveiller de bonne heure. Tu **dois** te lever tout de suite. Il / Elle / On **doit** se préparer vite. Nous **devons** être à l'heure. Vous **devez** attendre. Ils / Elles **doivent** se dépêcher.	Je **sais** conduire. Tu **sais** nager. Il / Elle / On **sait** faire du ski. Nous **savons** jouer au football. Vous **savez** sauter en parachute. Ils / Elles **savent** piloter un avion.

POUVOIR	VOULOIR
Je **peux** prendre la voiture ? Tu **peux** téléphoner à la banque ? Il / Elle / On **peut** dormir chez vous ? Nous **pouvons** nous reposer deux minutes ? Vous **pouvez** répéter ? Ils / Elles **peuvent** venir avec nous ?	Je **veux** jouer dans la cuisine ! Tu **veux** manger avec les doigts ! Il / Elle / On **veut** avoir des bonbons ! Nous **voulons** nous amuser ! Vous **voulez** couper la viande tout seuls ! Ils / Elles **veulent** faire trois gâteaux !

Attention : Ces verbes sont souvent suivis d'un deuxième verbe à l'infinitif : je peux *prendre la voiture.*
Si ce deuxième verbe est pronominal, attention à la forme et à la place du pronom : je peux *me reposer.*
Le verbe ***falloir*** se conjugue à la 3e personne du singulier : il *faut* partir.

CHAPITRE 2
Le présent de l'indicatif

18 Soulignez le verbe correct.

1. – Ils **veulent**/voulons venir avec nous ?
   – Non, ils **devons/doivent** travailler.
2. – Tu **sait/sais** parler espagnol ?
   – Non, mais je **peux/peuvent** comprendre.
3. – Tu **veulent/veux** rester un peu ?
   – Non, je **doivent/dois** faire des courses.
4. – Vous **devez/doit** téléphoner tout de suite ?
   – Non, on **peux/peut** attendre un peu.
5. – Ils **doivent/doit** acheter à manger ?
   – Non, ils **voulons/veulent** aller au restaurant.
6. – Vous **savez/savent** jouer au tennis ?
   – Non, mais nous **voulez/voulons** apprendre.

19 Complétez avec -er ou -ez.

Au magasin

1. Vous pouv**ez** me conseill**er** ?
2. S'il vous plaît, Madame, vous pouv……. me montr……. la cravate club ?
3. Je peux regard……. la chemise rouge, là, dans la vitrine ?
4. Vous voul……. pass……. la taille 40 ou 42 ?
5. Vous voul……. essay……. ce pantalon ? Les cabines sont au fond du magasin.
6. Comment est-ce que vous voul……. pay……. ? Par chèque, avec une carte bancaire, en espèces ?
7. Vous pouv……. me donn……. une carte de votre magasin ?
8. Si vous voul……. chang……., vous dev……. gard……. le ticket de caisse.

20 Mettez dans l'ordre. (Le premier mot commence par une majuscule.)

1. tôt/Je/rentrer/dois   *Je dois rentrer tôt.*
2. danser/Tu/sais ?
   ....
3. Nous/cinéma/aller/voulons/au
   ....
4. peuvent/nous/Ils/avec/venir
   ....
5. On/jazz/écouter/ici/peut/du
   ....

19

CHAPITRE 2
Le présent de l'indicatif

6. restaurant/dîner/Elle/veut/au
   ....

7. les/réserver/pouvez/Vous/places/?
   ....

8. Vous/revenir/devez/minuit/avant
   ....

21 Conjuguez les verbes au présent.

1. – Demain, je **dois** (**devoir**) partir tôt.
   – Tu .... (**vouloir**) le réveil ?

2. – Ils .... (**pouvoir**) entrer à 7 heures ?
   – Oui, mais ils .... (**devoir**) avoir la clé.

3. – Tu .... (**pouvoir**) traduire cette lettre ?
   – Désolé, je ne .... (**savoir**) pas où est mon dictionnaire !

4. – Elle .... (**vouloir**) partir en week-end avec nous ?
   – Oui, mais elle .... (**pouvoir**) seulement samedi.

5. – Tu .... (**devoir**) absolument être inscrit !
   – Je .... (**savoir**) !

6. – Ils .... (**vouloir**) t'aider.
   – C'est gentil, je .... (**vouloir**) bien.

7. – On .... (**devoir**) noter le numéro, vite !
   – Vous .... (**pouvoir**) prendre mon stylo.

22 Associez.

1. On doit   a. vous baigner   A. au parc
2. Vous pouvez   b. s'asseoir   B. à la plage
3. Je peux   c. me promener   C. dans l'avion

4. Tu peux   a. nous reposer   A. à la maison
5. Ils doivent   b. s'inscrire   B. au cirque
6. Nous voulons   c. t'amuser   C. à l'université

1.	2.	3.
b		
c		

4.	5.	6.

20

CHAPITRE 2
Le présent de l'indicatif

23 Transformez les phrases.

1. Je me réveille tard. (**pouvoir**) C'est dimanche, *je peux me réveiller tard.*
2. Elle se lève à midi. (**vouloir**) ....
3. Nous nous reposons à la campagne. (**vouloir**) ....
4. Vous vous promenez sur la plage. (**pouvoir**) ....
5. Ils s'amusent entre amis. (**vouloir**) ....

24 Transformez les phrases.

Les enfants en ville

1. On reste en groupe ! *Il faut rester en groupe !*
2. On se calme ! ....
3. On attend au feu vert ! ....
4. On traverse au feu rouge ! ....
5. On marche doucement ! ....
6. On fait attention aux voitures ! ....
7. On attend les autres ! ....

BILAN

1 Soulignez le pronom sujet correct.

1. Julie, **il/elle/elles** arrive toujours en retard !
2. Paul, Virginie et moi, **nous/elles/ils** travaillons ici.
3. Thomas et Julien, **tu/ils/vous** partagent un appartement.
4. Françoise et Marie, **ils/vous/elles** courent toujours.
5. Jean, **tu/il/elle** sors en discothèque tous les soirs ?
6. Mon fils, Mathieu, **il/elle/on** vit à l'étranger.
7. Yann et Loïc, **elle/tu/ils** font beaucoup de sport.
8. **Elles/Je/Ils** mesure 1,67 m.
9. Claire, **elle/vous/ils** habitez seule ?
10. François, **il/nous/elles** possède un diplôme d'histoire.

CHAPITRE 2
Le présent de l'indicatif – Bilan

2 Transformez les phrases avec *vous* ou *tu*.

1. C'est la première fois que vous venez ? ....
2. Tu prends un thé ? ....
3. Comment vous vous appelez ? ....
4. Tu travailles ? ....
5. Vous connaissez la France ? ....
6. Tu vis en banlieue ? ....
7. Qu'est-ce que vous faites comme sport ? ....
8. Tu dois partir ? ....
9. Vous attendez un peu ? ....
10. Pourquoi tu ne dis rien ? ....

3 Conjuguez les verbes au présent.

Ma sœur et moi

1. Nous .... (**faire**) les mêmes activités.
2. Nous .... (**aimer**) les mêmes couleurs.
3. Nous .... (**manger**) ensemble.
4. Nous .... (**partager**) tous nos secrets.
5. Nous .... (**jouer**) toutes les deux du piano.
6. Nous .... (**commencer**) et nous .... (**finir**) nos cours à la même heure.
7. Nous .... (**apprendre**) les mêmes langues.
8. Nous .... (**s'intéresser**) généralement aux mêmes sujets.

4 Répondez aux questions avec deux verbes par phrase.

enseigner	laver les cheveux	saluer le public
expliquer aux élèves	faire des enquêtes	donner des médicaments
couper les cheveux	écrire des articles	répéter son rôle	soigner les malades

1. Que fait un acteur ?   Il ....
2. Que fait un professeur ?   Il ....
3. Que fait un coiffeur ?   Il ....

CHAPITRE 2
Le présent de l'indicatif — Bilan

4. Que fait un médecin ? Il ....
5. Que fait un journaliste ? Il ....

5 Conjuguez les verbes au présent.

Nous avons trois enfants. Mon mari et moi .... (1) (**travailler**) tous les deux. En semaine, nos journées sont très organisées. Le matin, le réveil .... (2) (**sonner**) toujours à 6h 30 ; mon mari .... (3) (**se lever**) le premier et .... (4) (**préparer**) le café. Moi, je .... (5) (**rester**) un peu au lit et je .... (6) (**se lever**) à 7h. Je .... (7) (**descendre**) directement à la cuisine et je .... (8) (**manger**) un croissant. Ensuite, je .... (9) (**prendre**) une douche et je .... (10) (**s'habiller**). À 7 h 30, nous .... (11) (**aider**) les enfants à se préparer. Nous .... (12) (**quitter**) la maison tous ensemble vers 8 h 15. Les enfants .... (13) (**aller**) à l'école à pied, mon mari .... (14) (**partir**) en voiture et moi je .... (15) (**prendre**) le métro. Je .... (16) (**finir**) tôt et je .... (17) (**aller**) chercher les enfants ; ils .... (18) (**goûter**), ... (19) (**faire**) leurs devoirs, ... (20) (**jouer**) et .... (21) (**regarder**) parfois la télévision. Mon mari .... (22) (**rentrer**) vers 19 heures et nous .... (23) (**dîner**) ensemble. Après le dîner, les enfants .... (24) (**lire**) un peu dans leur lit et .... (25) (**s'endormir**) vers 21 heures. Mon mari et moi avons alors un peu de temps pour nous-mêmes !

CHAPITRE 3

L'INTERROGATION

➤ Demander des informations

A EST-CE QUE... ?

EST-CE QUE	
— **Est-ce que** vous comprenez ?	— Oui, très bien.
— **Est-ce qu'**elles parlent espagnol ?	— Je ne sais pas.

Attention : Devant une voyelle ou un *h* muet, *que* devient *qu'*.

1 Transformez les questions avec *est-ce que*.

Demander des informations

1. Tu fais du sport ? **Est-ce que tu fais du sport ?**
2. Elle sait conduire ? ....
3. Tu as des amis ici ? ....
4. Vous aimez ce gâteau ? ....
5. Ils sont mariés ? ....
6. Vous allez souvent au théâtre ? ....
7. Tu prends des vitamines ? ....
8. C'est ta voiture ? ....

2 Mettez dans l'ordre. (Le premier mot commence par une majuscule.)

1. Est-ce que/à/Pierre/travaille/Paris/? **Est-ce que Pierre travaille à Paris ?**
2. il/Est-ce qu'/banque/employé/est/une/dans/?
   ....
3. habite/loin/il/de/Est-ce qu'/son/bureau/?
   ....
4. anglais/parle/Françoise/Est-ce que/?
   ....
5. partent/week-end/Est-ce qu'/en/ils/?
   ....
6. ils/ont/des/Est-ce qu'/enfants/?
   ....

CHAPITRE 3
L'interrogation

B — LES MOTS INTERROGATIFS

— Qu'est-ce qu'	il boit ?	— Un café.
— Où est-ce qu'	il va en vacances ?	— À Saint-Malo.
— Quand est-ce que	vous partez ?	— Demain.
— Comment est-ce que	tu vas à ton bureau ?	— En métro.
— Pourquoi est-ce que	tu apprends le français ?	— Par plaisir.
— Qui est-ce que	tu connais ici ?	— Paul et Anne.
— Avec qui est-ce que	tu pars en vacances ?	— Avec Patrice.

Attention : Devant une voyelle ou un *h* muet, *que* devient *qu'*.

3 Posez la question avec le mot interrogatif donné et *est-ce que*.

Demander des informations

1. Bernadette lit un journal anglais. **Pourquoi ?**
   Pourquoi est-ce que Bernadette lit un journal anglais ?

2. Patrick apprend le russe. **Pourquoi ?**
   ....

3. Julien va au lycée. **Comment ?**
   ....

4. Brigitte écrit. **À qui ?**
   ....

5. Bernard joue au tennis. **Où ?**
   ....

6. Julie part en vacances. **Quand ?**
   ....

7. Jean invite à dîner ce soir. **Qui ?**
   ....

8. Elle mange à midi au restaurant. **Que ?**
   ....

4 Complétez avec un mot interrogatif.

1. *Où* est-ce que tu habites ?
2. .... est-ce que vous faites ? Vous dormez ?
3. .... peut me répondre ?
4. .... est-ce qu'il prend le train, à la gare du Nord ou à la gare de l'Est ?
5. En mai, en juin, en juillet ? .... est-ce que tu es né ?

Chapitre 3
L'interrogation

6. .... est-ce que vous partez ? Vous n'êtes pas contents ?
7. .... est-ce que tu prends tes vacances ? En août ?
8. Ils habitent chez .... ?
9. .... est-ce que tu rentres chez toi ? En taxi ?
10. .... est-ce que vous pleurez ? Vous avez un problème ?
11. Ton frère et ta sœur, ... est-ce qu'ils s'appellent ?
12. .... est-ce que tu veux ? Un thé ?

5 Posez la question.

1. Il arrive **mercredi**.
   *Quand est-ce qu'*il arrive ?
2. Il va à l'école **en métro**.
   ....
3. Il ferme la fenêtre **parce qu'il a froid**.
   ....
4. Il achète ça **pour son fils**.
   ....
5. Il habite **à Rome**.
   ....
6. Elle va au cinéma **ce soir**.
   ....
7. Elle met **une robe** pour sortir.
   ....

C TROIS FAÇONS DE POSER UNE QUESTION

LANGUE FORMELLE inversion : verbe-sujet	LANGUE COURANTE «est-ce que»	LANGUE FAMILIÈRE intonation
Avez-vous des enfants ?	**Est-ce que** vous avez des enfants ?	Vous avez des enfants ?
Où **habitez-vous** ?	Où **est-ce que** vous habitez ?	Vous habitez où ?
Que **regardez-vous** ?	**Qu'est-ce que** vous regardez ?	Vous regardez quoi ?

Attention : *que* devient *quoi* avec une préposition : *avec quoi jouez-vous ?*

CHAPITRE 3
L'interrogation

6 Transformez les questions. *Demander des informations*

1. Quand allez-vous au cinéma ?
   Quand est-ce que vous allez au cinéma ?
   Vous allez au cinéma quand ?

2. Où vas-tu ?
   ....
   ....

3. Qu'est-ce que vous dites ?
   ....
   ....

4. Comment est-ce que vous allez au travail ?
   ....
   ....

5. Quand partez-vous en vacances ?
   ....
   ....

6. Est-ce que tu sors ce soir ?
   ....
   ....

7 Complétez avec *que*, *qu'* ou *quoi*.

1. *Qu'*est-ce qu'elle fait ? Elle se repose ?
2. .... visitez-vous ce week-end ? Le château de Versailles ?
3. Elle écoute .... ? La radio ?
4. .... dites-vous ? Je n'entends rien.
5. .... est-ce qu'on achète pour le dîner ?
6. Elle regarde .... ? Moi, je ne vois rien.
7. .... veux-tu boire ? Une bière ou un café ?
8. Tu cherches ...., un appartement ou une maison ?

CHAPITRE 3
L'interrogation

8 Complétez avec *qui*, *que*, *qu'* ou *quoi*.

1. *Qu'*est-ce que vous buvez au petit déjeuner ?
2. Vous allez voir .... ce soir ?
3. On mange .... ce soir ?
4. Ce renseignement, je peux le demander à .... ?
5. Pour .... est cette robe ?
6. Avec le poisson, ... est-ce que vous voulez boire ?
7. .... est-ce que tu mets pour sortir ce soir ?
8. À .... est-ce que tu écris ?
9. .... peut me répondre ?
10. Vous faites .... samedi soir ?

D QU'EST-CE QUE... COMME..., QUEL...

LANGUE COURANTE	LANGUE FAMILIÈRE
Qu'est-ce que tu fais **comme** sport ?	Tu fais **quoi comme** sport ?

9 Transformez les questions.   *Demander des informations*

1. Qu'est-ce que tu achètes comme cadeau ?
   Tu achètes quoi comme cadeau ?
2. Il lit quoi comme journal ?
   ....
3. Tu choisis quoi comme parfum ?
   ....
4. Qu'est-ce que vous écoutez comme radio ?
   ....
5. Il a quoi comme voiture ?
   ....
6. Tu aimes quoi comme gâteau ?
   ....

CHAPITRE 3
L'interrogation

Masculin singulier	le pont	**quel** pont ?
Féminin singulier	l'église	**quelle** église ?
Masculin pluriel	les arbres	**quels** arbres ?
Féminin pluriel	les maisons	**quelles** maisons ?

10 Complétez avec *quel, quelle, quels* ou *quelles*.

1. *Quel* sac ?
2. .... dictionnaire ?
3. .... livres ?
4. .... lunettes ?
5. .... feuilles ?
6. .... cahier ?
7. .... gomme ?
8. .... règle ?
9. .... crayon ?
10. .... disquette ?
11. .... classeur ?
12. .... ciseaux ?

11 Complétez avec *quel, quelle, quels* ou *quelles*.

Tu mets…
1. *quelles* boucles d'oreilles ?
2. .... bracelets ?
3. .... ceinture ?
4. .... chapeau ?
5. .... chaussures ?
6. .... chemisier ?
7. .... gants ?
8. .... manteau ?
9. .... robe ?
10. .... veste ?

12 Complétez avec *quel, quelle, quels, quelles*.

1. *Quelle* est votre profession ?
2. J'ai vingt ans, et toi, tu as .... âge ?
3. .... sports pratiquez-vous ?
4. .... est son adresse à Lyon ?
5. .... est votre date de naissance ?
6. Tu connais .... étudiants ici ?
7. Tu travailles pour .... entreprise ?
8. Vous cherchez .... informations exactement ?

29

CHAPITRE 3
L'interrogation

BILAN

1 Associez.

1.	2.	3.	4.	5.	6.	7.	8.	9.	10.

1. Il est marié ?
2. Qu'est-ce que tu lis ?
3. Quelle est ta nationalité ?
4. Tu es né quand ?
5. Où est-ce que vous habitez ?
6. Tu t'appelles comment ?
7. Elle est sportive ?
8. Vous avez des enfants ?
9. Vous buvez quoi ?
10. Qui est avec elle ?

a. Quelle est ta date de naissance ?
b. Êtes-vous père de famille ?
c. Elle est avec qui ?
d. Est-ce qu'il a une femme ?
e. Quel est le titre de ton livre ?
f. Est-ce qu'elle fait du sport ?
g. Tu viens de quel pays ?
h. Quel est ton nom ?
i. Quelle est votre adresse ?
j. Qu'est ce que vous prenez comme boisson ?

2 Mettez dans l'ordre et précisez le niveau de langue : formel (F), courant (C) ou familier (Fam.).

1. Que/pendant/vous/faites/-/vacances/vos/?
   .... (..........)
2. souvent/Est/ce/que/-/vous/voyagez/?
   .... (..........)

3. préférez/ici/rester/Vous/?
.... (..........)

4. vous/est/allez/-/Où/ce/que/?
.... (..........)

5. des/là-bas/Vous/amis/avez/?
.... (..........)

6. vous/déplacez/vous/Comment/?
.... (..........)

7. bien/la/connaissez/Vous/région/?
.... (..........)

8. connaître/Est/je/votre/-/ce/que/âge/peux/?
.... (..........)

3 Transformez les questions.

1. Que fais-tu ?

2. Vous préférez quoi ?

3. Qu'est-ce que tu veux ?

4. Que choisissez-vous ?

5. Il boit quoi ?

6. Qu'est-ce qu'ils regardent ?

CHAPITRE 4

LA PHRASE NÉGATIVE

➤ Donner son avis ➤ Informer sur les choses, sur les personnes (caractères)

A NE (N')... PAS

ne... pas	Il **ne** vient **pas** ce soir. Je **ne** sors **pas** ce soir.
n'... pas	Il **n'**est **pas** malade. Je **n'**ai **pas** le temps.

Attention : Devant une voyelle et un *h* muet, *ne* devient *n'*.

■ Le verbe *être* et l'adjectif

1 Répondez de façon négative.

Informer sur les personnes

— J'ai une petite amie.
— Qui c'est ?
— Devine.

1. — Elle est grande ? **– Non, elle n'est pas grande.**
2. — Elle est jeune ? – Non, ...
3. — Elle est sportive ? – Non, ...
4. — Elle est étudiante ? – Non, ...
5. — Elle est blonde ? – Non, ...
6. — Elle est française ? – Non, ...

— C'est qui alors ?
— C'est un secret !

2 Mettez dans l'ordre.
(Le premier mot commence par une majuscule.)

Informer sur le caractère

1. est/Il/agréable/n'/pas **Il n'est pas agréable.**
2. méchant/Je/ne/pas/suis ....
3. n'/amusante/Elle/est/pas ....
4. sympathiques/Ils/ne/pas/sont ....
5. contents/êtes/n'/pas/Vous/? ....
6. Elle/est/n'/généreuse/pas ....

32

CHAPITRE 4
La phrase négative

7. Ils/aimables/ne/pas/sont ....
8. heureux/ne/Nous/pas/sommes ....
9. Elle/est/intéressante/n'/pas ....
10. stupide/Je/ne/pas/suis ....

3 Regardez le dessin puis répondez.

Informer sur les choses

1. – C'est excellent ?
   – *Non, ce n'est pas excellent.*
2. – C'est nul ?
   – *Non, ce n'est pas nul.*
3. – C'est *moyen*.

4. – C'est rouge ?
   – ....
5. – C'est vert ?
   – ....
6. – C'est ....

7. – C'est carré ?
   – ....
8. – C'est rectangulaire ?
   – ....
9. – C'est ....

10. – C'est tiède ?
    – ....
11. – C'est froid ?
    – ....
12. – C'est ....

33

CHAPITRE 4
La phrase négative

4 Répondez de façon négative. *Donner son avis*

1. – Jeter les papiers par terre, c'est propre ?
   – **Non, ce n'est pas propre.**
2. – Fumer dans les lieux publics, c'est permis ?
   – ....
3. – Conduire à 10 ans, c'est possible ?
   – ....
4. – Voler, c'est légal ?
   – ....
5. – Faire du jogging dans les rues, c'est interdit ?
   – ....
6. – Rouler à vélo sur l'autoroute, c'est autorisé ?
   – ....
7. – Amener un chien dans une boulangerie, c'est accepté ?
   – ....

5 Choisissez l'adjectif et répondez de façon négative. *Donner son avis*

amusant   cher   poli   rapide   ~~difficile~~   original

1. Tu ne sais pas ? **Ce n'est pas difficile !**
2. Pourquoi tu ris ? .... !
3. Encore une chemise bleue ? .... !
4. Deux heures pour faire un kilomètre ? .... !
5. Les pieds sur la table ? .... !
6. Seulement un euro pour ce beau livre ? .... !

■ Ce n'est pas un.../Ce ne sont pas des...

6 Répondez de façon négative. *Informer sur les choses*

– Ça y est, j'ai acheté ton cadeau.
– Qu'est-ce que c'est ?
– Devine !

1. – C'est un jouet ? – Non, **ce n'est pas un jouet.**
2. – C'est un livre ? – Non, ...

CHAPITRE 4
La phrase négative

3. – Ce sont des chaussettes ? – Non, ...
4. – C'est un vêtement ? – Non, ...
5. – C'est une invitation pour un match de foot ? – Non, ...
6. – Ce sont des gants ? – Non, ...
7. – C'est une chose utile ? – Non, ...
8. – Ce sont des cartes à jouer ? – Non, ...
9. – C'est une bande dessinée ? – Non, ...
10. – Ce sont des bonbons ? – Non, ...
    – Alors, qu'est-ce que c'est ?
    – Un peu de patience, ton anniversaire, c'est demain.

■ Le verbe *avoir*

7 Répondez de façon négative.

Monsieur et Madame Bonneau se rendent à une soirée

1. – Chéri, tu as les fleurs ? – **Non, je n'ai pas les fleurs.**
2. – Tu as le code de la porte ? – ....
3. – Tu as le numéro de téléphone ? – ....
4. – Tu as l'adresse exacte ? – ....
5. – Tu as le nom de la rue ? – ....
6. – Tu as le plan de la ville ? – ....
    – Alors qu'est-ce qu'on fait ?
    – On rentre à la maison ! Tu as les clés ??!!

■ Autres verbes

8 Répondez de façon négative avec *ne* ou *n'*.

1. – Vous jouez au golf ? – Non, je *ne* joue pas au golf.
2. – Tu veux écouter cette cassette ? – Non, je .... aime pas cette musique.
3. – Je peux prendre la voiture ? – Non, je .... suis pas d'accord.
4. – À qui tu prêtes ta voiture ? – Mais je .... prête ma voiture à personne.
5. – Il reste avec nous ? – Non, il .... a pas le temps.
6. – Vous prenez un verre avec nous ? – Non, nous .... pouvons pas.
7. – Tu peux m'expliquer ? – Désolé, je .... comprends rien.
8. – Vous ne mangez pas ce gâteau ? – Non, merci, je .... aime pas le chocolat.

CHAPITRE 4
La phrase négative

9 Conjuguez les verbes au présent.

Informer sur les personnes

– Combien de candidats est-ce que vous avez pour le poste de responsable de programme séjours linguistiques ?

– J'ai un candidat et une candidate. La candidate a 25 ans, elle a un diplôme de commerce mais elle **ne parle pas** (1) (**ne pas parler**) l'anglais et elle .... (2) (**ne pas connaître**) le tourisme.

– Et le candidat ?

– C'est une catastrophe ! Il .... (3) (**ne pas aimer**) les jeunes, il .... (4) (**ne pas utiliser**) l'ordinateur, il .... (5) (**ne pas comprendre**) l'anglais, il .... (6) (**ne pas conduire**) mais il a deux qualités : il .... (7) (**ne pas boire**) et il .... (8) (**ne pas fumer**) !

– En effet, ils n'ont vraiment pas le profil !

10 Répondez de façon négative.

Informer sur les choses

L'enfant poète

1. – Dis papa, la lune, elle dort ? – Mais non, **elle ne dort pas.**
2. – Le soleil, il respire ? – Mais non, ...
3. – Le vent, il parle ? – Mais non, ...
4. – Les nuages, ils jouent ? – Mais non, ...
5. – Les étoiles, elles pleurent ? – Mais non, ...
6. – La pluie, elle danse ? – Mais non, ...

11 Répondez de façon négative.

Ce n'est pas très logique !

1. – Tu ne portes pas de manteau. Tu as froid ?
   – Non, je **n'ai pas froid**, bien sûr !
2. – Vous êtes fatigué ? Vous dansez ?
   – Non, nous ...., quelle question !

36

CHAPITRE 4
La phrase négative

3. – Il est pianiste. Il travaille dans un bureau ?
   – Non, il ...., c'est évident !

4. – Il y a beaucoup de circulation ? Les voitures roulent vite ?
   – Non, les voitures ...., ce n'est pas possible !

5. – Tu es débutant. Tu parles très bien français ?
   – Non, je ...., c'est évident !

6. – Ils sont malades. Ils vont à la piscine ?
   – Non, ils ...., voyons !

12 Dites le contraire.

Informer sur les personnes

La star qui dit tout

1. Elle parle aux journalistes.
2. Elle accepte les interviews.
3. Elle passe à la télévision.
4. Elle aime les séances photos.
5. Elle signe les autographes.
6. Elle sourit aux gens.
7. Elle raconte sa vie.

La star secrète

Elle ne parle pas aux journalistes.
....
....
....
....
....
....

LES VERBES MODAUX

Je Pierre Nous Vous Il	ne	veux peut savons devez faut	pas	prendre un taxi. finir le travail avant 6 h. répondre à toutes les questions. rentrer après minuit. se promener ici.

13 Mettez dans l'ordre.

1. ne/tard/Je/pas/sortir/dois   *Je ne dois pas sortir tard.*
2. danser/pas/Tu/sais/ne/?
   ....
3. Nous/cinéma/aller/ne/pas/voulons /au
   ....
4. peuvent/nous/Ils/pas/ne/avec/venir
   ....
5. On/jazz/écouter/ici/peut/ne/pas/du
   ....

37

CHAPITRE 4
La phrase négative

6. restaurant/dîner/Elle/ne/pas/veut/au
   ....

7. ne/pas/les/réserver/pouvez/Vous/places/?
   ....

8. Vous/pas/rentrer/ne/devez/minuit/après
   ....

14 Transformez avec le verbe *falloir*.

Visite au château

1. On ne parle pas fort !   *Il ne faut pas parler fort !*
2. On ne touche pas aux tapisseries !
   ....
3. On ne va pas dans le parc tout seul !
   ....
4. On ne s'assoit pas sur les pelouses !
   ....
5. On ne passe pas par cet escalier !
   ....
6. On ne s'arrête pas trop longtemps dans les salles !
   ....

LES VERBES PRONOMINAUX	
Je **ne** me repose **pas**.	Ils / Elles **ne** se reposent **pas**.

15 Conjuguez les verbes au présent.

1. Le week-end, *je ne me rase pas* (ne pas se raser).
2. Tu .... (ne pas se promener) seule la nuit.
3. Le week-end, on .... (ne pas s'habiller) comme les autres jours.
4. Quand elle reste à la maison, elle .... (ne pas se maquiller).
5. Quand les enfants crient autour de nous, nous .... (**ne pas se reposer**).
6. Vous .... (ne pas se lever) de bonne heure pendant les vacances.

CHAPITRE 4
La phrase négative

B NE (N')... PERSONNE

ne... personne	Elle **ne** parle à **personne**. Je **ne** connais **personne**.
n'... personne	Nous **n'**invitons **personne**. Il **n'**écoute **personne**.

16 Répondez de façon négative.

1. – Vous invitez quelqu'un ce soir ?
   – Non, nous ***n'invitons personne***, nous sommes fatigués.

2. – Tu entends quelqu'un à la porte ?
   – Non, je ...., pourquoi ?

3. – Elle travaille avec tout le monde ?
   – Non, elle ...., c'est dommage.

4. – Pardon, vous cherchez quelqu'un ?
   – Non, je ...., merci.

5. – Ils attendent qui ?
   – Ils ...., je crois.

6. – Il parle à qui ?
   – Il ...., pourquoi ?

7. – Vous connaissez tout le monde ici ?
   – Non, nous ...., et vous ?

8. – Tu vois quelqu'un là-bas ?
   – Je ...., vraiment personne.

17 Mettez dans l'ordre. (Le premier mot commence par une majuscule.)

1. a/ici/Il/n'/personne/y   ***Il n'y a personne ici.***
2. connaissez/dans/immeuble/ne/personne/votre/Vous ?
   ....
3. attend/ce/Elle/n'/personne/soir
   ....
4. à/déjeuner/invitons/n'/Nous/personne
   ....
5. à/Elle/ne/parle/personne
   ....

CHAPITRE 4
La phrase négative

C NE (N')... RIEN

ne... rien	Je **ne** sais **rien**. Il **ne** voit **rien**.
n'... rien	Nous **n'**entendons **rien**. Tu **n'**achètes **rien**.

18 Répondez de façon négative.

1. – Tu comprends tout, toi ?
   – Non, *je ne comprends rien*, vraiment rien.
2. – Vous voulez quelque chose ?
   – Non, nous ...., nous regardons seulement.
3. – Qu'est-ce qu'il mange au petit déjeuner ?
   – Lui, il ....
4. – Elle a quelque chose pour moi ?
   – Non, elle .... pour toi.
5. – Tu as soif, tu prends quelque chose ?
   – Non merci, je ....
6. – Vous achetez quoi ?
   – Nous ...., c'est trop cher.
7. – Tu aimes tout ici ?
   – Non, je ...., c'est vraiment horrible !
8. – Vous voyez quelque chose là-bas ?
   – Non, on ...., qu'est-ce qu'il y a ?

19 Complétez avec un verbe au présent.

Informer sur les personnes

dire   faire   manger   acheter   ~~comprendre~~

1. Il est stupide alors il *ne comprend rien*.
2. Il est timide alors il ....
3. Il est avare alors il ....
4. Il est paresseux alors il ....
5. Il est malade alors il ....

CHAPITRE 4
La phrase négative

BILAN

1 Mettez dans l'ordre. (Le premier mot commence par une majuscule.)

1. aller/au/théâtre/Je/ne/pas/peux
   ....
2. ami/connais/mon/ne/pas/Tu
   ....
3. Je/dois/jours/la/les/ne/pas/regarder/télévision/tous
   ....
4. Il/ne/parler/pas/sait/allemand
   ....
5. à/écoutons/informations/la/les/n'/Nous/pas/radio
   ....
6. Ce/est/facile/n'/pas/très
   ....

2 Complétez les phrases avec *ne... pas, ne... personne, ne... rien*.

1. Tu .... parles .... !
2. Tu .... aimes .... !
3. Tu .... aimes .... !
4. Tu .... achètes .... !
5. Tu .... dis .... !
6. Tu .... invites .... !
7. Tu .... organises .... !
8. Tu .... travailles .... !
9. Alors, je .... reste .... avec toi. Je pars !!!

3 Complétez avec *ne... pas, ne... rien, ne... personne*.

Une étrangère à Paris à la terrasse d'un café

1. – Pardon Mademoiselle, vous attendez quelqu'un ?
   – Non, je ....
2. – Vous n'êtes pas française, n'est-ce pas ?
   – Non, c'est vrai, je ....

CHAPITRE 4
La phrase négative — Bilan

3. – Mais, vous parlez parfaitement notre langue.
   – Vous êtes gentil mais je ....
4. – Vous travaillez ?
   – Non, je ....
5. – Alors, vous êtes étudiante ?
   – Non, ...
6. – Vous connaissez quelqu'un à Paris ?
   – Non, je ....
7. – Vous restez longtemps ?
   – Non, je ...., seulement une semaine.
8. – Ah, c'est bien, vous êtes libre ce soir ?
   – Non, je regrette, je ....
9. – Et ce week-end, vous faites quelque chose ?
   – Non, je ....
   – Alors, si vous le voulez, je vous invite au cinéma. Vous ne pouvez pas refuser.
   – Ah, ces Français ! Irrésistibles !

4 Complétez avec une négation.

Travaux domestiques

– Christophe, j'en ai assez ! Je fais tout à la maison et toi, tu .... fais .... (1) ! Tu .... fais .... (2) la cuisine, tu .... laves .... (3) la vaisselle, tu .... repasses .... (4) le linge. Je .... peux .... (5) tout faire ! Depuis un mois, nous .... invitons .... (6) à la maison et je .... ai .... (7) de temps libre ! Ce .... est .... (8) drôle pour moi tous les jours !
– Mais, chérie, tu sais bien que je .... aime .... (9) cuisiner ! Pour la vaisselle, tu .... te souviens .... (10) ? Le médecin m'a dit : « Monsieur, vous .... devez .... (11) toucher aux produits pour la vaisselle, ce .... est .... (12) bon pour vos mains ». Et puis, je .... comprends .... (13) au repassage ! Je .... veux .... (14) brûler mes chemises ! Pourquoi est-ce que tu .... prends .... (15) une femme de ménage ?
– Une femme de ménage ? Ah non, je .... veux .... (16) chez nous !

Vous pouvez faire l'évaluation 1, pages 130-131.

CHAPITRE 5

L'EXPRESSION DU TEMPS

➤ Informer sur le moment, sur la fréquence

A LES MOMENTS DANS LE TEMPS

L'heure	Il est **8 h**.
	Patrick arrive à **9 h et quart**.
Le moment de la journée	Je prends mon petit déjeuner **le matin**.
Le jour	On est **lundi**.
La date	Nous sommes **le 6 mai**.
Le mois	On est **en janvier**.
	Nous sommes **au mois de janvier**.
La saison	**Au printemps, en été, en automne, en hiver.**
L'année, le siècle	— Ce film se passe **en quelle année** ?
	— **En 1900, au 20ᵉ siècle**.

Attention : Les jours sont masculins. Exemple : *le lundi*.
Pour le premier jour du mois, on utilise *premier*. Exemple : *le premier juillet*. Après, on dit : *le deux, le trois… le vingt et un juillet*.

1 Complétez avec les informations données.

Informer sur le jour

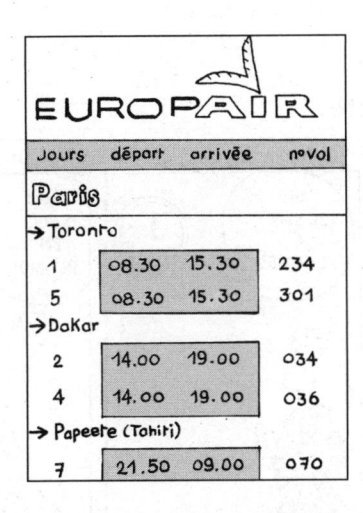

1. Toronto : Il y a deux avions pour Toronto : *le lundi et le vendredi matin.*
2. Dakar : Il y a deux avions pour Dakar : ....
3. Séoul : Il y a deux avions pour Séoul : ....
4. Tahiti : Il y a un avion pour Tahiti : ....
5. Melbourne : Il y a deux avions pour Melbourne : ....

CHAPITRE 5
L'expression du temps

2 Complétez avec le mot correct.

Informer sur le moment de la journée

la nuit   le matin   l'après-midi   ~~le soir~~   la journée   le soir

En général, on…

1. va au théâtre **le soir**.
2. dort ....
3. prend son petit déjeuner ....
4. dîne ....
5. fait la sieste ....
6. travaille ....

3 Posez la question avec *à quelle heure* ou *quelle heure est-il*.

1. – *Quelle heure est-il ?*
   – 11 h 20.
   – Merci.
2. – Tu pars .... ?
   – À 8 heures et quart, pourquoi ?
3. – S'il vous plaît, ... ?
   – Minuit.
   – Ah ! déjà !

4. – Ma montre est arrêtée,
   .... s'il vous plaît ?
   – 5 heures.
   – Merci beaucoup.
5. – Le spectacle commence
   .... ?
   – À 20 heures 30.
   – Très bien, merci.

4 Complétez avec l'expression correcte.

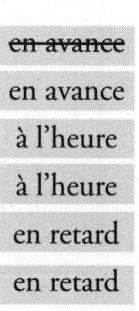

~~en avance~~
en avance
à l'heure
à l'heure
en retard
en retard

C'est un bon professeur, il arrive toujours **en avance** (1) pour préparer ses cours ! Ses étudiants arrivent .... (2) bien sûr et il n'accepte pas les étudiants .... (3) !

Dans ce théâtre, le spectacle commence .... (4). Les gens .... (5) ne peuvent pas entrer. Mais les spectateurs .... (6), si !

CHAPITRE 5
L'expression du temps

5 Mettez dans l'ordre. (Le premier mot commence par une majuscule.)

1. arrive/ lundi/ Il/ huit/ heures/ à   *Il arrive lundi à huit heures.*
2. à/ trois/ partons/ heures/ demie/ et/ Nous/ mercredi
   ....
3. soir/ mardi/ reviennent/ Ils
   ....
4. à/ commence/ jeudi/ neuf/ matin/ Je/ heures
   ....
5. maison/ enfants/ la/ restent/ après-midi/ mercredi/ Les/ à
   ....
6. allons/ cinéma/ à/ quatre/ au/ Nous/ heures
   ....

6 Écrivez les dates.
Informer sur la date

1. lundi 27/01 : *C'est lundi. Nous sommes le 27 janvier.*
2. mardi 31/12 : ....
3. mercredi 21/06 : ....
4. jeudi 01/09 : ....
5. vendredi 01/04 : ....
6. samedi 08/10 : ....
7. dimanche 18/07 : ....

7 Écrivez les dates.
Informer sur la date

1. Amboise, 06/01/1997. **Fait à Amboise, le six janvier mille neuf cent quatre-vingt-dix-sept.**
2. Lyon, 12/04/1998. ....
3. Paris, 01/06/2000. ....
4. La Rochelle, 21/12/2001. ....
5. Nantes, 18/08/1981. ....

8 Complétez avec *en* ou *au*.

1. Il partent *en* février.
2. Ils déménagent .... mois de mai.
3. Ils arrivent .... mois de décembre.
4. Ils reviennent .... octobre.
5. Ils se marient .... mois de juin.
6. Ils commencent .... juillet.

CHAPITRE 5
L'expression du temps

9 Complétez avec le mot correct.

Informer sur la saison

été   automne   ~~hiver~~   printemps   hiver   été

En France…
1. Il fait froid *en hiver.*
2. Il fait chaud ....
3. Il neige ....
4. Les fleurs poussent ....
5. On se baigne dans la mer ....
6. Les feuilles des arbres tombent ....

B   LES PRÉPOSITIONS DE TEMPS

10 Complétez avec les prépositions.

à   de .... à ...   à partir de   jusqu'à   après   avant   entre

1. Le matin, j'arrive au bureau **à** 8 heures et demie exactement.
2. Les Grands Magasins sont ouverts tous les jours .... 19 heures, sauf le jeudi.
3. En France, on peut passer son permis de conduire .... 18 ans.
4. Passez chez moi .... 15 heures. Après, je vais chez le dentiste.
5. La banque est ouverte .... 9 heures .... 17 heures.
6. Vous ne pouvez pas entrer .... 19 heures 30, c'est trop tard, les portes sont fermées.
7. Dimanche, je suis chez moi .... 8 heures et 11 heures.

11 Complétez avec les prépositions.

Dire ce que l'on fait

après   vers   avant   de... à   entre... et   pendant   ~~en~~

Quand je suis **en** (1) vacances, je ne me lève pas .... (2) onze heures.
Ensuite, je prends mon petit déjeuner. Puis, je vais faire du cheval .... midi

CHAPITRE 5
L'expression du temps

.... (3) une heure et demie. .... (4) le déjeuner, je fais une sieste .... (5) une heure et .... (6) quatre heures, quatre heures et demie, je vais au « Bar à thym » retrouver mes amis. Nous allons danser et nous rentrons très tard, ... quatre .... (7) cinq heures du matin au lever du soleil.

C — LES ADVERBES DE FRÉQUENCE

| Jamais | Rarement | Quelquefois
Parfois
De temps en temps | Souvent
Généralement | Toujours
Tout le temps |

12 Soulignez l'adverbe correct.

Informer sur la fréquence

L'homme d'affaires

1. Je suis **souvent/rarement** en voyage.
2. Je voyage **généralement/parfois** en avion.
3. Je travaille **de temps en temps/souvent** tard le soir.
4. Je prends **rarement/toujours** le taxi.
5. Je passe **généralement/rarement** mes soirées en famille.
6. J'organise **quelquefois/souvent** des cocktails.
7. J'ai **rarement/toujours** de longues vacances.

13 Complétez avec l'adverbe correct.

Informer sur la fréquence

rarement   souvent   toujours   ~~régulièrement~~   jamais

Anne : Qu'est-ce qu'il aime, Arthur ?
Jean-Pierre : Arthur ? Il adore la Formule 1, il va **régulièrement** (1) au Grand Prix de Monaco.
Anne : Est-ce qu'il regarde beaucoup la télévision ?
Jean-Pierre : Lui, ... (2) ! Il y a trop de publicités et il n'aime pas ça.
Anne : Ah bon !
Jean-Pierre : Il va très .... (3) à l'opéra : c'est beaucoup trop cher pour lui mais il mange .... (4) au restaurant japonais, il adore le poisson cru ! Autre chose, à la cantine, il prend .... (5) la même chose, c'est incroyable, non ?

LA NÉGATION NE... JAMAIS...

| Je
Ils
Vous | ne | regarde
vont
partez | jamais | la télévision.
à l'Opéra.
en vacances. |

47

CHAPITRE 5
L'expression du temps

14 Conjuguez les verbes au présent avec ne (n')... jamais.

1. Il *ne va jamais* (**aller**) au café, il n'a pas le temps.
2. Elle .... (**faire**) le ménage, elle déteste ça !
3. Je .... (**lire**) les journaux sportifs, ça ne m'intéresse pas du tout.
4. Ils .... (**voyager**) en avion, ils ont peur.
5. Je .... (**dormir**) la fenêtre ouverte, il y a trop de bruit dans la rue.
6. Tu .... (**avoir**) le temps, tu as toujours quelque chose à faire !

BILAN

1 Trouvez la question.

1. Nous sommes lundi.
2. Le premier pas sur la lune, en 1969.
3. Je me lève tous les jours à 6 heures.
4. Il arrive dans l'après-midi.

a. à quelle heure ?
b. quel jour sommes-nous ?
c. à quel moment ?
d. en quelle année ?

1.	2.	3.	4.

2 Complétez l'interview.

tous les jours   jusqu'à   et ensuite   parfois   après   vers   le 27 mai 1968   avant de

Interview de l'écrivain Michel Poicard

Le journaliste : Monsieur Poicard, bonjour. Quelle est la date de sortie de votre premier livre ?
M. Poicard : Pour être précis, ... (1)
Le journaliste : Quand écrivez-vous ?
M. Poicard : J'écris .... (2), même le dimanche. Je commence .... (3) le petit déjeuner, ... (4) 9 heures, 9 heures et quart, ... (5) 13 h.
Le journaliste : .... (6) ?
M. Poicard : Je lis les journaux, des livres ou .... (7) je me promène dans le parc qui est près de chez moi.
Le journaliste : Quelle est votre plus grande ambition dans la vie ?
M. Poicard : Devenir très célèbre .... (8) mourir.
Le journaliste : Michel Poicard, merci.

CHAPITRE 5
L'expression du temps — Bilan

3 Complétez l'interview.

> rarement | au | jusqu'à | vers | à quelle heure | tous les soirs | le lundi | par jour

Interview du musicien Jean-Pierre Léo

Le journaliste : Jean-Pierre Léo, bonjour. Comment se passe la journée d'un musicien ?
Par exemple, ... (1) est-ce que vous vous levez ?
Jean-Pierre Léo : Je me lève .... (2) 11 h. Je déjeune et je travaille :
un musicien professionnel doit jouer au moins 2 à 3 heures .... (3)
Le journaliste : Vous êtes au club .... (4) ?
Jean-Pierre Léo : Oui, sauf .... (5), ce jour-là, le club est fermé.
Le journaliste : Vous donnez .... (6) des interviews, pourquoi ?
Jean-Pierre Léo : Je n'aime pas beaucoup les médias.
Le journaliste : Quand sort votre prochain disque ?
Jean-Pierre Léo : .... (7) printemps, j'espère…
Le journaliste : Quelle est votre plus grande ambition dans la vie ?
Jean-Pierre Léo : Pouvoir jouer .... (8) ma mort.
Le journaliste : Jean-Pierre Léo, merci.

4 Complétez le texte.

> à | à partir de | avant de | de… à | entre | en retard | jusqu'à | le samedi
> le soir | pendant | soir | rarement | toujours | tous les jours | vers

Le Parisien n'est pas un Français comme les autres :
C'est quelqu'un qui est .... (1) pressé. .... (2) de la semaine,
il se lève .... (3) 6 heures, il n'aime pas être .... (4)
à son travail. Il prend le métro ou l'autobus pour aller à son bureau. En général, il travaille
.... 8 h 30 .... (5) 17 h 30. Il déjeune
.... (6) 13 h et 14 h. Il rentre chez lui .... (7) 18 h, 18 h30.
.... (8) la semaine, il sort .... (9) le soir parce qu'il
doit se lever tôt. Mais .... (10) vendredi .... (11),
c'est une autre personne : .... (12) rentrer chez lui, il prend un apéritif
dans un café avec des amis. .... (13), il dort .... (14)
10 heures, puis il fait ses courses au marché. .... (15) il s'amuse.
Voilà comment les autres Français imaginent la vie quotidienne d'un Parisien… et vous ?

49

CHAPITRE 6
L'EXPRESSION DU LIEU

➤ Situer un lieu ➤ Indiquer le chemin ➤ Préciser un lieu

A L'UTILISATION DE L'ARTICLE

ARTICLE FÉMININ terminaison en -e	**Les continents :** l'Afrique, l'Amérique, l'Asie, l'Europe, l'Océanie **Les pays :** l'Australie, la Belgique, la Chine, l'Espagne, la France, la Grèce, l'Italie, la Tanzanie, la Turquie...
ARTICLE MASCULIN autres terminaisons	Le Brésil, le Canada, l'Iran, le Japon, le Maroc, le Portugal, le Sénégal, le Venezuela...
ARTICLE PLURIEL	Les États-Unis, les Pays-Bas, les Philippines...
SANS ARTICLE	Chypre, Cuba, Israël, Singapour, Taiwan...

Attention : *le Cambodge, le Mexique, le Mozambique* (pays masculins mais terminaison en *-e*).

1 Classez puis complétez avec l'article correct si nécessaire.

~~Afrique du Sud~~   Antilles   Chili   Colombie   Corée   Cuba
Danemark   Égypte   Équateur   Hongrie   Irak   Israël   Kenya
Liban   Pérou   Pologne   Seychelles   Suisse   Tunisie   Viêt-nam

1 - FÉMININ	2 - MASCULIN	3 - PLURIEL	4 - SANS ARTICLE
a. *l'Afrique du Sud*	a.	a.	a. ....
b.	b.	b.	b. ....
c.	c.		
d.	d.		
e.	e.		
f.	f.		
g.	g.		
h.	h.		

CHAPITRE 6
L'expression du lieu

B L'UTILISATION DES PRÉPOSITIONS

Villes et pays sans article	à	Paris Londres Malte
Pays masculins qui commencent par une consonne	au	Canada Liban
Continents, pays masculins qui commencent par une voyelle et pays féminins	en	Europe Algérie Finlande Équateur
Pays pluriels	aux	États-Unis

Attention : *Israël* n'a pas d'article mais on dit : *en Israël*.

2 Compléter avec les prépositions et les noms de pays.
Préciser le pays

1. Paris est *en France*.
2. Washington est ....
3. Berlin est ....
4. Tel-Aviv est ....
5. Mexico est ....
6. Tokyo est ....
7. Nairobi est ....
8. Toronto est ....
9. Melbourne est ....
10. Séoul est ....

3 Complétez avec *au*, *en* ou *aux*.
Préciser le pays

1. Il va *en* Chine la semaine prochaine.
2. Ils vivent .... Canada.
3. Mes parents vont .... Espagne en juillet.
4. Mes amis ont une ferme .... Australie.
5. Il repart bientôt .... Brésil.
6. Elle habite .... États-Unis.
7. Nous allons .... Angleterre ce week-end.
8. Vous êtes né .... Mexique ?
9. Tu passes tes vacances .... Philippines ?
10. Il retourne .... Irak après ses études.

CHAPITRE 6
L'expression du lieu

4 Faites des phrases comme dans l'exemple.
Informer sur les personnes

1. Wolfgang – Vienne – Autriche / **Wolfgang habite à Vienne, en Autriche.**
2. Dublin – Irlande / Sean ....
3. Dakar – Sénégal / Alioun ....
4. La Havane – Cuba / Pedro ....
5. Varsovie – Pologne / Janek ....
6. Damas – Syrie / Khaled ....
7. Kyoto – Japon / Akira ....

C LES PRÉPOSITIONS À ET DE

À + article	Je vais	**à** la gare **à** l'aéroport **au** bureau **aux** vestiaires
De + article	Je sors	**de** la banque **de** l'université **du** café **des** toilettes

5 Soulignez la forme correcte.

1. Je sors **de le/du** théâtre.
2. Je vais **à l'/au** cinéma.
3. Je rentre **de le/du** gymnase.
4. Je viens **de la/de l'** piscine.
5. Je vais **aux/à les** jeux olympiques.
6. Je reviens **de l'/du** école de danse.
7. Je pars **à le/au** carnaval.
8. Je passe la soirée **à l'/à le** opéra.

6 Faites des phrases.

Je vais

Je viens

a. des douches.
b. à la cafétéria.
c. à la piscine.
d. de l'accueil.
e. du restaurant.
f. au sauna.
g. aux vestiaires.
h. de la salle de musculation.

1. Je vais **à la cafétéria.**
   ....,
   ....,
   ....
2. Je viens **des douches.**
   ....,
   ....,
   ....

CHAPITRE 6
L'expression du lieu

7 Complétez avec *à* ou *de*. (Attention à l'article contracté : *du, des, au, aux...*)

Au Forum des Halles

– Albert chéri, tu vas *au* (1) marché en voiture ?

– Non, elle est encore .... (2) garage ; elle n'est pas prête.

– Alors, tu ne peux pas m'emmener .... (3) Forum des Halles ?

– Qu'est-ce que tu vas faire là-bas ? Tu vas .... (4) vidéothèque, ... (5) piscine, ... (6) cinéma ?

– Non, j'ai vu un joli tailleur, pas cher, dans une boutique .... (7) deuxième sous-sol.

– Tu as assez d'argent ?

– Non, je dois passer .... (8) banque retirer de l'argent .... (9) billetterie automatique. Au retour, ... (10) marché, tu peux t'arrêter .... (11) bureau de tabac et prendre un carnet de timbres ?

– D'accord. Tu reviens .... (12) maison à quelle heure ?

– Vers midi. Et n'oublie pas de prendre tes chemises .... (13) pressing et du pain .... (14) boulangerie !

D LES PRÉPOSITIONS À ET CHEZ

À + lieu	au musée à la poste à l'école
Chez + personne	chez Pierre chez toi chez le médecin

8 Associez.

On va...

1. à la pharmacie
2. à la charcuterie
3. à l'épicerie
4. à la pâtisserie
5. à la boulangerie
6. à la boucherie
7. à la crèmerie
8. à la cordonnerie

a. chez l'épicier
b. chez le boucher
c. chez le crémier
d. chez le cordonnier
e. chez le pharmacien
f. chez le charcutier
g. chez le pâtissier
h. chez le boulanger

1.	2.	3.	4.	5.	6.	7.	8.
e							

53

CHAPITRE 6
L'expression du lieu

9 Complétez avec *à la*, *à l'* ou *chez*.

Préciser un lieu

1. Pour le pain, je vais **à la** boulangerie.
2. Pour la viande, je vais .... le boucher ou .... le charcutier.
3. Pour les médicaments, je vais .... le pharmacien.
4. Pour le beurre, je vais .... crèmerie.
5. Pour les gâteaux, je vais .... le pâtissier.
6. Pour l'huile, je vais .... épicerie.

10 Complétez avec *à la*, *à l'*, *au* ou *chez*.

	1. *chez*	mes parents.
	2.	hôtel.
	3.	bureau.
	4.	toi.
	5.	école.
Je vais	6.	M. et Mme Leroy.
	7.	hôpital.
	8.	banque.
	9.	moi.
	10.	toilettes.
	11.	gare.

E — LES EXPRESSIONS DE LIEU

CHAPITRE 6
L'expression du lieu

11 Complétez avec les prépositions.

~~dans~~   devant   au milieu de   sur   entre   sous   dans

1. On mange **dans** le salon ou **dans** la salle à manger ?
2. Je mets la photo .... les deux tableaux, ça va ?
3. Ah, ce chien ! Il est encore .... le canapé ! Allez, descends !
4. Ne restez pas .... la pluie ! Entrez vite !
5. Ce tapis .... la chambre, c'est horrible !
6. Le soir, je m'installe .... mon fauteuil, ... la télé. Je suis bien !

12 Complétez avec *dans* ou *sur*.

Préciser un lieu

1. Je range mes vêtements **dans** l'armoire.
2. Je mets mes clés .... ma poche.
3. Je m'installe .... le banc.
4. Je verse l'eau .... le verre.
5. Je pose les fleurs .... la table.
6. Je laisse les clés .... le tiroir.
7. Je range le lait .... le réfrigérateur.
8. Je m'assois .... la chaise.

AUTRES PRÉPOSITIONS

au bout du quai. **à côté de** la maison.	**en haut de** l'escalier. **près des** statues.

Mais aussi : *loin de, en face de, en bas de, au bord de, au centre de, au milieu de...*

13 Associez.

Préciser un lieu

1. J'ai rendez-vous près du
2. J'ai rendez-vous près de la
3. J'ai rendez-vous près de l'
4. J'ai rendez-vous près des

a. mairie.
b. caisses.
c. entrée.
d. sortie.
e. église.
f. commissariat.
g. bureau.
h. quai.
i. escaliers.
j. statue.
k. arrêt d'autobus.
l. carrefour.

a.	b.	c.	d.	e.	f.	g.	h.	i.	j.	k.	l.
2											

55

Chapitre 6
L'expression du lieu

14 Soulignez les prépositions de lieu.

J'habite <u>à</u> Paris, dans le 18ᵉ arrondissement, en haut de la rue Lepic. Mon appartement donne sur un petit jardin. C'est un trois-pièces près du métro : la station se trouve en bas de la rue. C'est pratique. Mon ami, lui, prend le RER : il vit en banlieue, à Poissy, au bord de la Seine. Nous travaillons ensemble dans une banque.

15 Complétez.
(Attention aux formes contractées *du, des, au, aux*.)

Situer un lieu

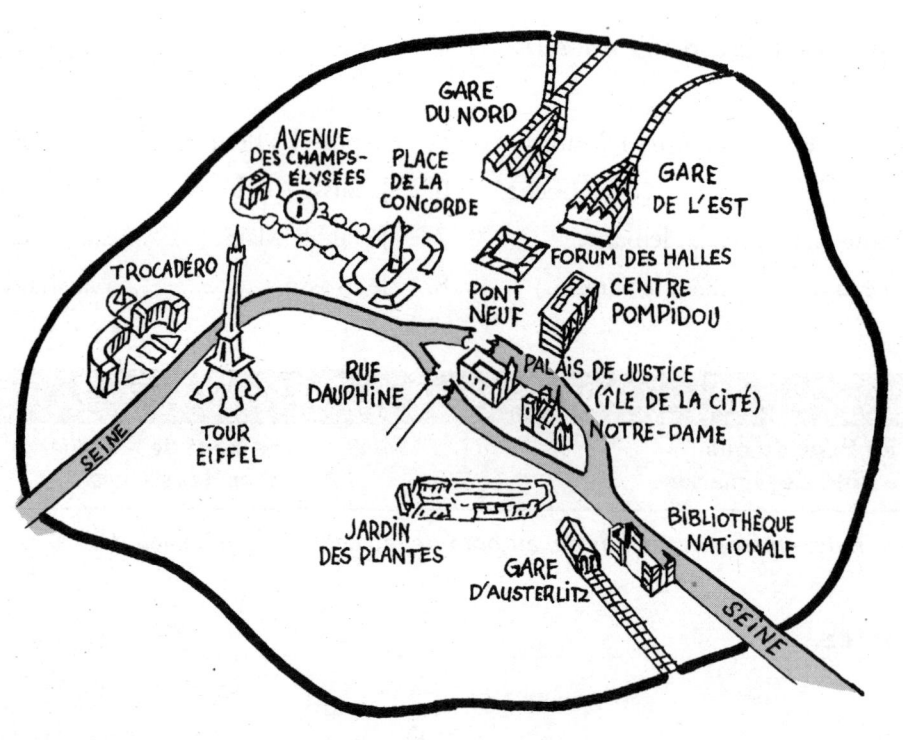

Découvrez Paris

1. Le Centre Pompidou est situé **près du** Forum des Halles. (**près de**)
2. Le Palais de Justice se trouve .... l'île de la Cité. (**au centre de**)
3. Le Jardin des Plantes est situé .... la gare d'Austerlitz. (**près de**)
4. La Tour Eiffel est .... le Trocadéro. (**en face de**)
5. La gare du Nord est .... la gare de l'Est. (**à côté de**)
6. Le Pont-Neuf se trouve .... la rue Dauphine. (**au bout de**)
7. La Bibliothèque Nationale de France est .... la Seine. (**au bord de**)
8. L'Obélisque est .... la place de la Concorde. (**au milieu de**)
9. Notre-Dame est .... la ville. (**au centre de**)
10. L'Office du Tourisme est .... les Champs-Élysées. (**en haut de**)

CHAPITRE 6
L'expression du lieu

F — L'UTILISATION DES VERBES

16 Regardez le dessin et complétez avec un verbe au présent.

Indiquer le chemin

aller   monter   passer   prendre   ~~sortir~~   tourner   traverser

Comment est-ce que Pierre rentre chez lui ?

1. Il **sort** du métro.
2. Il .... devant le kiosque à journaux.
3. Il .... jusqu'au bout de la rue.
4. Il .... sur le passage piéton.
5. Il .... la rue à droite.
6. Il .... les escaliers.
7. Il .... à gauche.

Et il est chez lui !

17 Regardez le dessin et complétez avec un verbe au présent.

Indiquer le chemin

arriver   aller   entrer   ~~sortir~~   prendre   passer   traverser

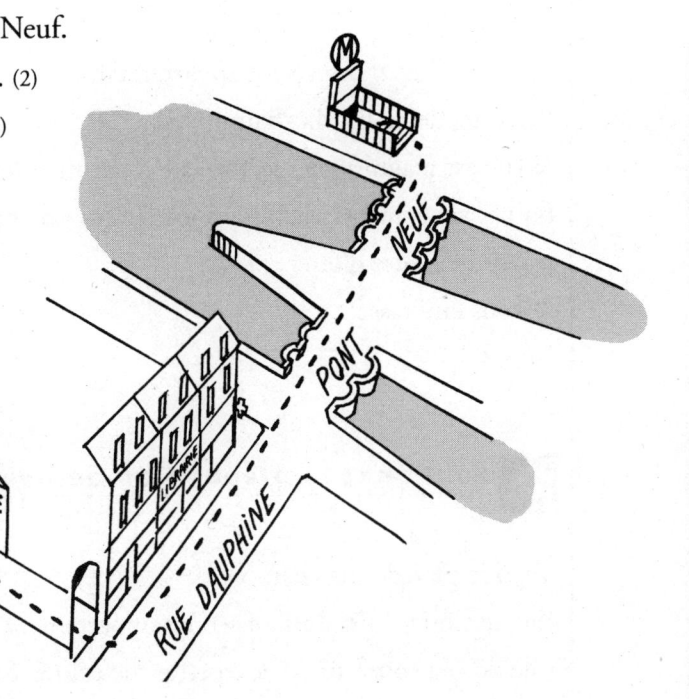

Pour aller à l'école, c'est très facile du métro Pont-Neuf.
Tu **sors** (1) du métro, tu .... (2)
la Seine et au bout, tu .... (3)
la rue en face de toi, c'est la rue Dauphine.
Tu .... (4) tout droit,
tu .... (5) devant
une pharmacie, des galeries d'art,
des librairies. À 200 mètres environ,
tu .... (6)
devant un petit passage sur la droite :
c'est le passage Dauphine.
Tu .... (7)
dans ce passage et l'école est là !

57

CHAPITRE 6
L'expression du lieu

BILAN

1 Complétez avec les prépositions de lieu. (Attention aux formes *de, d'*...)

chez en dans près de au au bord de à

– Marie, cet été, tu vas où en vacances ?
– Je vais .... (1) Nice, ... (2) mes parents.
– Ils ont une grande maison .... (3) la mer, n'est-ce pas ?
– Oui, et cette année, ils font du camping .... (4) Italie .... (5) Capri avec des amis.
– Et toi, tu restes seule .... (6) cette grande maison ?
– Non. Moi, je suis .... (7) rez-de-chaussée et mes grands-parents occupent le premier étage.
– Eh bien, bonnes vacances !
– Merci, toi aussi !

2 Complétez avec les prépositions de lieu. (Attention aux formes *du, d', de*...)

sous à en bas de au ici dans près de

Chers parents,
Je suis .... (1) Paris depuis avant-hier après un bon voyage en train. Je suis maintenant .... (2) mon petit appartement .... (3) la Sorbonne où je commence les cours demain. Ma chambre est .... (4) 6ᵉ étage, ... (5) les toits et la vue est magnifique : je vois le Panthéon et le jardin du Luxembourg. .... (6) boulevard Saint-Michel, il y a une station de métro et quelques magasins. Je vais bien, je suis heureuse d'être .... (7).
Je vous embrasse.
Ingrid

3 Soulignez la préposition de lieu correcte.

Voici le plan de ma chambre.
Elle se trouve **loin de/dans** (1) un appartement **dans/en** (2) le 5ᵉ arrondissement **à/en** (3) Paris.
Elle donne **sous/sur** (4) une petite rue calme. **Sur/Dans** (5) ma chambre, j'ai un lit, une

CHAPITRE 6
L'expression de lieu — Bilan

armoire, un bureau, des étagères et un beau tapis **à côté/au milieu** (6). Les étagères sont **entre/sur** (7) la porte et la fenêtre. Le lit est **en face des/près des** (8) étagères. **À côté de/En face de** (9) mon lit, j'ai une petite table et **sous/sur** (10) cette petite table, il y a une lampe. L'armoire est **en face de/à gauche de** (11) la porte et le bureau est **près de/en face de** (12) l'armoire. Bien sûr, il y a un fauteuil confortable **sous/devant** (13) le bureau. C'est clair et calme : je suis très contente.

4 Complétez avec les prépositions de lieu.

Nous habitons .... (1) une petite maison .... (2) la campagne, ... (3) environ 30 km .... (4) Paris. Souvent, quand il fait froid, nous faisons du feu .... (5) la cheminée. L'odeur du bois est très agréable. Quand il fait beau, nous mangeons .... (6) le jardin, ou .... (7) la terrasse, bien sûr .... (8) un parasol. Nous avons aussi une grande cave .... (9) sous-sol où je conserve de bonnes bouteilles pour les amis que nous invitons .... (10) nous. Pour aller .... (11) Paris, ce n'est pas compliqué : pendant la semaine, nous allons .... (12) travail en RER. Le week-end, nous prenons la voiture pour aller .... (13) ville faire des achats .... (14) les magasins ou pour aller .... (15) cinéma. On est vraiment bien .... (16) la pollution.

Vous pouvez faire l'évaluation 2, pages 132-133.

CHAPITRE 7
LE NOM ET L'ARTICLE

➤ Énumérer des choses ➤ Exprimer ses goûts ➤ Décrire un lieu

A. LE MASCULIN ET LE FÉMININ DU NOM

LES PERSONNES

Le genre du nom correspond généralement au sexe : pour former le nom féminin, on ajoute un **-e** au nom masculin.	avocat - avocat**e** ami - ami**e**
Si le nom masculin se termine par un **-e**, il a la même forme au féminin.	touriste - touriste
Parfois, la consonne finale double.	paysan - paysan**ne** parisien - parisien**ne**
Parfois, toute la syllabe finale change.	boulanger - boulang**ère** chanteur - chant**euse** acteur - act**rice** sportif - sport**ive**
Les noms de parenté ont une forme très différente au masculin et au féminin.	mère - père tante - oncle

1. Soulignez la forme correcte.

Informer sur la profession

1. Mon mari est **boulanger/boulangère**.
2. Cette jeune femme est **avocat/avocate**.
3. J'ai un ami **comédienne/comédien**.
4. Ma femme est **éditeur/éditrice**.
5. Mon fils est **présentateur/présentatrice**.
6. Ma fille est **vendeuse/vendeur**.
7. Ce jeune homme est **musicien/musicienne**.
8. Ma tante est **chanteur/chanteuse**.
9. Mon oncle est **commerçant/commerçante**.
10. Mon frère est **conducteur/conductrice**.

CHAPITRE 7
Le nom et l'article

2 Qui parle ? un homme (H), une femme (F), un homme ou une femme (H/F) ?

Informer sur la profession

	F	H	H/F
1. Je suis boucher.	☐	☒	☐
2. Je suis journaliste.	☐	☐	☐
3. Je suis président.	☐	☐	☐
4. Je suis pilote.	☐	☐	☐
5. Je suis ouvrier.	☐	☐	☐
6. Je suis chercheuse.	☐	☐	☐
7. Je suis coiffeuse.	☐	☐	☐
8. Je suis dentiste.	☐	☐	☐
9. Je suis secrétaire.	☐	☐	☐
10. Je suis concierge.	☐	☐	☐

3 Complétez le tableau.

MOT MASCULIN	MOT FÉMININ
1. infirmier	2. *infirmière*
3.	4. avocate
5. contrôleur	6. ....
7.	8. assistante
9. marchand	10. ....
11.	12. employée
13. libraire	14. ....
15.	16. pharmacienne
17. violoniste	18. ....
19.	20. actrice

LES CHOSES	
Il n'y a pas de système logique. Les noms peuvent être masculins ou féminins.	**un** problème, **une** fleur, **une** maison, **un** livre
Sont généralement masculins : — les mots en **-age**	un n**uage**, un b**agage**, un from**age** mais on dit une p**age**, une im**age**, une pl**age**
— les mots en **-phone**	un télé**phone**, un magnéto**phone**
Sont généralement féminins : — les mots en **-sion**, **-tion** — les mots en **-té** — beaucoup de mots en **-eur**	la télé**vision**, une solu**tion**, une no**tion** la propre**té**, la san**té** la coul**eur**, la p**eur**

CHAPITRE 7
Le nom et l'article

4 Indiquez si le mot est masculin (M) ou féminin (F).

		F	M
1.	pantalon		X
2.	cravate		
3.	chemise		
4.	pull		
5.	manteau		
6.	jupe		
7.	ceinture		
8.	écharpe		
9.	chapeau		
10.	robe		

5 Tous les mots se terminent par *-e*. Indiquez s'ils sont masculins (M) ou féminins (F).

1. téléphone M
2. problème ....
3. culture ....
4. service ....
5. parapluie ....
6. système ....
7. homme ....
8. livre ....
9. planète ....
10. magazine ....
11. fleuve ....
12. musique ....
13. chaise ....
14. heure ....
15. arbre ....
16. disque ....
17. carte ....
18. dentifrice ....
19. phrase ....
20. balle ....

B LE SINGULIER ET LE PLURIEL DU NOM

CAS GÉNÉRAL	
Pour former le pluriel, on ajoute un **-s** au singulier.	ordinateur – ordinateur**s** étudiante – étudiante**s**
Les noms terminés par **-s**, **-x** ou **-z** ne changent pas au pluriel.	pays – pay**s** voix – voi**x** nez – ne**z**
Quelques noms en **-al** et en **-ail** se terminent par **-aux** au pluriel.	animal – anim**aux** travail – trav**aux**
En général, les noms terminés en **-au**, **-eau** et **-eu** prennent un **-x** au pluriel.	château – chât**eaux** feu – f**eux**

CHAPITRE 7
Le nom et l'article

6 Soulignez l'intrus.

1. secrétaire – **comptables** – réceptionniste
2. directeurs – acteur – professeurs
3. hôpital – journaux – local
4. lieux – cheveux – jeu
5. parfums – film – examen
6. tableaux – peau – gâteau
7. retour – jours – amour
8. château – travaux – veau

7 Mettez les noms au pluriel.

1. local — *locaux*
2. provincial — ....
3. lieu — ....
4. cadeau — ....
5. neveu — ....
6. manteau — ....
7. canal — ....
8. hôpital — ....
9. journal — ....
10. feu — ....
11. chapeau — ....
12. cheveu — ....
13. bureau — ....
14. cheval — ....

8 Indiquez si le nom est singulier (S), pluriel (P), singulier ou pluriel (S/P).

1. voix *S/P*
2. animal ....
3. choix ....
4. dos ....
5. voisins ....
6. cheveux ....
7. nez ....
8. bras ....
9. trottoir ....
10. fois ....

C L'ARTICLE INDÉFINI ET L'ARTICLE DÉFINI

	ARTICLE INDÉFINI	ARTICLE DÉFINI
Masculin	**un** garçon, **un** continent	**le** garçon, **le** continent
Féminin	**une** fille, **une** ville	**la** fille, **la** ville
Pluriel	**des** enfants, **des** pays	**les** enfants, **les** pays

Attention : Devant une voyelle ou un *h* muet, *le* et *la* deviennent *l'*.

CHAPITRE 7
Le nom et l'article

■ Dans la phrase affirmative

9 Complétez avec un article indéfini.

Énumérer des choses

– Bonjour Monsieur. Voici la liste de mariage de ma fille.
– Oui, je vous écoute.
– Bon, **un** (1) canapé, ... (2) lampes, ... (3) table basse, ... (4) fauteuils, ... (5) bibliothèque, ... (6) lit, ... (7) table ronde, ... (8) chaises, ... (9) armoire et .... (10) bureau ancien.
– Oui Monsieur, certainement Monsieur, vous venez choisir avec moi ?

10 Complétez avec un article indéfini et trouvez quatre objets insolites dans la valise.

Énumérer des choses

Quand je pars en voyage, dans ma valise, il y a **des** (1) pantalons, ... (2) chemises, ... (3) veste, ... (4) baguette, ... (5) pull, ... (6) chaussettes, ... (7) sous-vêtements, ... (8) rasoir, ... (9) savonnette, ... (10) pont, ... (11) serviette, ... (12) brosse, ... (13) réfrigérateur, ... (14) raquette de tennis, ... (15) balles, ... (16) rêves et .... (17) chaussures. Il y a aussi .... (18) stylo, ... (19) bloc de papier et bien sûr .... (20) livres.

Les quatre objets insolites :
1. ....
2. ....
3. ....
4. ....

11 Complétez avec un article défini.

64

CHAPITRE 7
Le nom et l'article

Sur la photo de mariage, il y a toute *la* (1) famille. .... (2) mariée et .... (3) marié sont debout au centre. .... (4) beaux-parents sont de chaque côté. .... (5) demoiselle d'honneur et .... (6) garçon d'honneur sont derrière .... (7) mariés. .... (8) grands-parents sont assis sur les côtés. .... (9) oncles et .... (10) tantes sont derrière .... (11) beaux-parents. Et puis, ... (12) jeunes enfants sont assis par terre, devant tout .... (13) monde.

12 Complétez avec un article défini. *Décrire un lieu*

Dans mon appartement, *l'* (1) entrée est bleue, ... (2) salon est blanc, ... (3) cuisine est rose, ... (4) toilettes sont noires, ... (5) salle de bains est verte, ... (6) chambre est violette, ... (7) salle à manger est orange, ... (8) bureau est rouge et .... (9) terrasse est multicolore. Oui, j'aime .... (10) couleurs !!

■ Dans la phrase négative

Article défini	— Vous avez **le** temps ? — Non, on **n'a pas le** temps.
Article indéfini	— Vous faites **un** voyage ? — Non, on **ne** fait **pas de** voyage.

Attention : Avec l'expression *ce n'est pas*, on garde *pas un, pas une, pas des*.
Exemple : *c'est un enfant, ce n'est pas un adulte !*

13 Répondez de façon négative. *Informer sur les personnes*

Qui est-ce ?

1. Il a des cheveux blancs ? — ***Non, il n'a pas de cheveux blancs.***
2. Il a une barbe ? — Non, ...
3. Il a des lunettes ? — Non, ...
4. Il a une maison à la campagne ? — Non, ...
5. Il a une voiture de sport ? — Non, ...
6. Il a un animal ? — Non, ...

CHAPITRE 7
Le nom et l'article

14 Répondez de façon négative.

– Qu'est-ce que tu fais samedi ?
– Devine !
1. Tu reçois une décoration ?   – **Non, je ne reçois pas de décoration.**
2. Tu achètes une voiture ?   – Non, je ....
3. Tu passes un examen ?   – Non, je ....
4. Tu fais un voyage ?   – Non, je ....
5. Tu rencontres une star ?   – Non, je ....
6. Tu tournes un film ?   – Non, je ....
– Je ne sais vraiment pas !
– Je pose pour des photos de mode.

15 Répondez de façon négative.

Devine quel cadeau j'ai pour toi !
1. C'est un parfum !   – **Non, ce n'est pas un parfum !**
2. Ce sont des roses !   – Non, ... !
3. C'est un bijou !   – Non, ... !
4. C'est un livre !   – Non, ... !
5. Ce sont des CD !   – Non, ... !
6. C'est une place de spectacle !   – Non, ... !
7. C'est une robe !   – Non, ... !
8. C'est un sac !   – Non, ... !
C'est un petit voyage au Maroc.

16 Complétez avec un article défini.

Exprimer ses goûts

J'aime :
1. *le* soleil
2. .... mer
3. .... bateaux
4. .... ciel bleu
5. .... tranquillité

Je n'aime pas :
6. .... pluie
7. .... ville
8. .... voitures
9. .... ciel gris
10. .... bruit

CHAPITRE 7
Le nom et l'article

D. L'ARTICLE CONTRACTÉ APRÈS LES PRÉPOSITIONS À ET DE

À + article défini	Je vais demander	**à la** secrétaire. **à l'** employé. **au** directeur. **aux** étudiants.
De + article défini	C'est le bureau	**de la** secrétaire. **de l'** employé. **du** directeur. **des** étudiants.

17 Soulignez la forme correcte.

Dire ce que l'on fait

1. Mon fils joue **à la/au** football.
2. Elle assiste **à l'/au** concert.
3. Nous allons **à la/au** restaurant japonais.
4. Ils partent **à la/au** campagne.
5. Mes enfants jouent **aux/à les** jeux vidéo.
6. Je vais **au/à la** club de gym.
7. Je participe **à les/aux** compétitions sportives.

18 Soulignez la forme correcte.

1. Il vient **de la/du** gare.
2. Elle part **du/de le** bureau à 8 heures.
3. Il arrive **de l'/du** aéroport à 20 heures.
4. Nous sortons **de l'/du** musée.
5. Vous venez **des/de les** grands magasins.
6. Elles arrivent **de l'/de la** station de métro.
7. Ils sortent **de l'/de la** église.

19 Faites comme dans l'exemple.

1. La voiture/le voisin   *La voiture du voisin.*
2. Le dictionnaire/l'élève   ....
3. La robe/la mariée   ....
4. Le livre/le professeur   ....
5. Les disquettes/les étudiants ....
6. L'agenda/la directrice   ....

CHAPITRE 7
Le nom et l'article

20 Complétez puis associez.

J'ai mal !
1. J'ai mal **à la** gorge.
2. J'ai mal .... dos.
3. J'ai mal .... estomac.
4. J'ai mal .... tête.
5. J'ai mal .... yeux.
6. J'ai mal .... pieds.
7. J'ai mal .... main.

Je ne peux pas...
a. lire.
b. écrire.
c. parler.
d. marcher.
e. réfléchir.
f. manger.
g. bouger.

1.	2.	3.	4.	5.	6.	7.
c						

BILAN

1 Complétez avec les noms de la liste.

musique   feux   manteau   journaux   jour   parfum   pieds   enfants   gens
chaussettes   vacances   serviettes   baguette   balle   locaux   chemise
système   programme   livre   assiette   robe

1. Féminin singulier :
   ....
   ....

2. Féminin pluriel :
   ....
   ....

3. Masculin singulier :
   ....
   ....

4. Masculin pluriel :
   ....
   ....

CHAPITRE 7
Le nom et l'article — Bilan

2 Complétez avec un article.

1. – Où sont .... clés de .... voiture ?
   – Sur .... table dans .... entrée !
2. – .... année prochaine, j'achète .... maison.
3. – J'ai .... problème à mon travail, je cherche .... avocat.
   – .... femme de Charles est avocate, voilà sa carte.
4. – Bonjour Madame, je cherche .... bureau, grand et en bois.
   – .... modèle devant vous est bien, il coûte 3 500 euros.
5. – Où se trouve .... bureau .... directeur ?
6. – Regarde cette photo, ici, c'est .... maison de mes grands-parents et là,
   .... château de Roche.
7. – Je cherche .... informations sur Victor Hugo.
   – Regardez dans .... bibliothèque, à droite.
8. – Qu'est-ce qu'il y a dans .... sac bleu ?
   – .... affaires de gymnastique de ta sœur.

3 Complétez avec un article.

L'album de photos souvenirs

1. – Qu'est-ce que c'est, là ? C'est .... musée ?
   – Oui, c'est .... musée du Louvre.
2. – Et sur cette photo, c'est .... voiture ?
   – C'est .... voiture de mon grand-père !
3. – Et lui, c'est qui ?
   – C'est .... homme politique, c'est .... Président de la République !
4. – Et là ? C'est .... stade ?
   – Oui, bien sûr, c'est .... stade, c'est .... Stade de France !
5. – C'est quoi, ça ? C'est .... jardin ?
   – Non, ce n'est pas .... jardin. C'est .... forêt, c'est .... forêt de Fontainebleau !
6. – Elles ne sont vraiment pas intéressantes, tes photos ! Et puis moi, je n'aime pas ....
   souvenirs, je préfère .... avenir !

CHAPITRE 7
Le nom et l'article — Bilan

4 Mettez les noms au pluriel.

1. une rue .... 5. un piéton .... 9. l'autobus ....
2. le feu .... 6. le trottoir .... 10. la vitrine ....
3. un hôpital .... 7. l'église .... 11. un garage ....
4. un château .... 8. le canal .... 12. le taxi ....

5 Associez puis complétez avec la préposition *à* et la préposition *de*.

Ces objets sont à qui ?

a| Associez.

1. le cartable
2. le sac à main
3. le violon
4. l'attaché case
5. les passeports
6. les plans
7. les disquettes

a. la jeune femme
b. l'homme d'affaires
c. les touristes
d. l'écolier
e. le dessinateur
f. les informaticiens
g. le musicien

1.	2.	3.	4.	5.	6.	7.

b| Complétez avec la préposition *à* :

1. Le cartable ? Il est ....
2. Le sac à main ? Il est ....
3. Le violon ? Il est ....
4. L'attaché case ? Il est ....
5. Les passeports ? Ils sont ....
6. Les plans ? Ils sont ....
7. Les disquettes ? Elles sont ....

c| Complétez avec la préposition *de* :

1. C'est le cartable ....
2. C'est le sac à main ....
3. C'est le violon ....
4. C'est l'attaché case ....
5. Ce sont les passeports ....
6. Ce sont les plans ....
7. Ce sont les disquettes ....

CHAPITRE 8
LES ADJECTIFS DÉMONSTRATIFS ET POSSESSIFS

➤ Désigner une chose ➤ Indiquer l'appartenance

A L'ADJECTIF DÉMONSTRATIF

Masculin singulier	**ce**	Donnez-moi **ce** disque, s'il vous plaît.
Masculin singulier avec un nom commençant par une voyelle ou un *h* muet	**cet**	Comment marche **cet** ordinateur ?
Féminin singulier	**cette**	Combien coûte **cette** calculatrice ?
Pluriel	**ces**	Je voudrais **ces** disquettes, s'il vous plaît.

1 Soulignez l'adjectif démonstratif correct.

1. Ils contemplent **ce**/cet tableau.
2. Ils admirent **cette**/ces statues.
3. Ils préfèrent cet/**cette** sculpture.
4. Ils détestent ce/**cette** œuvre d'art.
5. Elles écoutent **ces**/cet disques.
6. Elles assistent à ces/**ce** concert.
7. Elles adorent **cette**/ces sonate.
8. Elles vont voir ce/**cet** opéra.

2 Soulignez la forme correcte.

1. ces rue/**rues**
2. ce **boulevard**/boulevards
3. cet **immeuble**/immeubles
4. cette **maison**/maisons
5. ce **magasin**/magasins
6. ces **restaurants**/restaurant
7. cet **hôtel**/hôtels
8. ces **monuments**/monument
9. ces église/**églises**
10. cette avenues/**avenue**

71

CHAPITRE 8
Les adjectifs démonstratifs et possessifs

3 Associez.

Informer sur les personnes

a. voisin est très bruyant.
b. cuisinier est très célèbre.
c. ingénieur est compétent.
1. Ce
2. Cet
3. Cette
4. Ces

d. étudiant travaille bien.
e. ministre est très connu.
f. actrice joue mal.
g. gens sont très généreux.
h. ouvrier travaille chez Citroën.
i. dame est très élégante.
j. artistes sont en grève.

a.	b.	c.	d.	e.	f.	g.	h.	i.	j.
1									

4 Complétez avec *ce, cet, cette* ou *ces*.

1. Vous devez rencontrer **cette** personne : elle est passionnante.
2. .... architecte est un ami d'enfance.
3. Madame, ... jeune homme est étranger ?
4. Qui est .... dame ?
5. Comment s'appelle .... jeune fille ?
6. .... homme là-bas, qui est-ce ?
7. .... trois personnes sont avec vous ?
8. .... bébé est adorable.
9. Je connais .... gens depuis longtemps.
10. Que fait .... employé ?

5 Complétez avec *ce, cet, cette* ou *ces*.

Désigner une chose

– C'est l'anniversaire de papa, qu'est-ce qu'on achète ?
– Regarde **ce** (1) pull bleu, là, c'est une bonne idée non ?
– Je ne suis pas sûr : peut-être .... (2) chemise, ou .... (3) cravate.
– Une cravate, ce n'est pas très original ! Tiens, ... (4) chaussettes sont bien. Et puis elles sont drôles !
– Papa ne porte jamais de choses comme ça. Si tu veux, prenons .... (5) écharpe.
– Écoute, on n'achète rien maintenant, on va voir avec Maman.

CHAPITRE 8
Les adjectifs démonstratifs et possessifs

6 Complétez avec *ce, cet, cette* ou *ces*.

1. Le directeur est absent **cette** semaine.
2. Mes parents arrivent à Paris .... week-end.
3. Il fait froid .... hiver.
4. Je rentre tard .... soir.
5. .... année on déménage.
6. Ils vont au Canada .... été.
7. .... matin il fait 5° seulement.
8. Je ne travaille pas .... après-midi.
9. On attend une réponse .... prochains jours.

B L'ADJECTIF POSSESSIF

Attention : L'adjectif possessif s'accorde avec le nom qui suit.

Masculin singulier Féminin singulier commençant par une voyelle	mon	Je te présente **mon** ami Paul, **mon** amie Catherine,
Féminin singulier	ma	**ma** sœur Léa
Pluriel	mes	et **mes** parents.
Masculin singulier Féminin singulier commençant par une voyelle	ton	C'est **ton** manteau ? C'est **ton** écharpe ?
Féminin singulier	ta	C'est **ta** veste ?
Pluriel	tes	Ce sont **tes** chaussures ?
Masculin singulier Féminin singulier commençant par une voyelle	son	Elle aime **son** appartement, **son** école,
Féminin singulier	sa	**sa** famille et
Pluriel	ses	**ses** copains.
Masculin et féminin singulier	notre	En vacances, nous emportons toujours
Masculin et féminin pluriel	nos	**notre** chat et **nos** poissons rouges.
Masculin et féminin singulier	votre	Je porte **vos** bagages dans **votre** chambre ?
Masculin et féminin pluriel	vos	
Masculin et féminin singulier	leur	— C'est **leur** voiture ?
Masculin et féminin pluriel	leurs	— Oui, je reconnais **leurs** affaires.

73

CHAPITRE 8
Les adjectifs démonstratifs et possessifs

7 Soulignez l'adjectif possessif correct.

1. Je te présente **mon**/leur/ses mari.
2. Nous habitons chez mes/**notre**/mon parents.
3. Il vit à Lyon avec sa/nos/**son** frère.
4. Vous travaillez dans la société de nos/**votre**/ma frère ?
5. Ils aiment être avec **leurs**/ton/votre amis.
6. Elles ne connaissent pas ton/ta/**mon** femme.
7. Vous vivez encore chez votre/**vos**/notre parents ?
8. À Paris, je peux loger chez mes/**mon**/leurs copain Victor.

8 Complétez avec *mon, ma,* ou *mes*.

Indiquer l'appartenance

En voyage !

La mère : Olivier, ta valise est prête ?
Olivier : Oui Maman, regarde ! J'ai *ma* (1) raquette de tennis, ... (2) appareil photo, ... (3) rollers, ... (4) maillot de bain, ... (5) lunettes de plongée, ... (6) bandes dessinées, et puis bien sûr .... (7) pulls, ... (8) pantalons, ... (9) chaussures de sport, ... (10) tee-shirts, ... (11) sous-vêtements, ... (12) chaussettes. Tu vois, tout est prêt.
La mère : Je crois que tu as oublié quelque chose.
Olivier : Ah oui, ... (13) brosse à dents.

9 Complétez avec des adjectifs possessifs.

1. – Tu connais l'homme et la femme près de la porte ?
   – Oui, ce sont *mes* amis, Paul et Martine.
2. – Jean-Paul vit seul à Paris ?
   – Non, il habite avec .... ami Jean-Pierre.
3. – Qu'est-ce que tu fais dimanche ?
   – Je vais au théâtre avec .... mari et .... fille.
4. – Il vient à la soirée chez Sophie ?
   – Oui, mais .... femme ne peut pas venir.
5. – Patrick et Thérèse ne sont pas là ?
   – Non, ils sont chez .... amis, à Toulouse.
6. – Le frère de Nicolas, qu'est-ce qu'il fait comme travail ?
   – .... frère ? Il est employé de banque.

CHAPITRE 8
Les adjectifs démonstratifs et possessifs

10 Complétez avec des adjectifs possessifs.

Indiquer l'appartenance

– Je peux prendre cette serviette ?
– Non, c'est **ma** (1) serviette.
– Et ce peigne, il est aussi à toi ?
– Oui, c'est .... (2) peigne, et ça, ce sont .... (3) produits de maquillage.
– Et cette brosse, elle est à qui ?
– C'est la brosse de Corinne.
– .... (4) brosse ? Et où sont .... (5) affaires à moi ?
– Toutes .... (6) affaires sont là, dans l'armoire.

BILAN

1 Complétez avec des adjectifs démonstratifs et possessifs.
(Deux réponses sont parfois possibles.)

1. – .... stylo est à toi ?
   – Oui, c'est .... stylo.
2. – .... appareil photo est à lui ?
   – Oui c'est .... appareil photo.
3. – .... livre est bien à moi ?
   – Oui, c'est .... / .... livre.
4. – .... lunettes sont à elle ?
   – Oui, ce sont .... lunettes.
5. – .... veste est à lui ?
   – Oui, c'est .... veste.
6. – .... gants sont à toi ?
   – Oui, ce sont .... gants.
7. – .... manteau est à toi ?
   – Non, ce n'est pas .... manteau.
8. – .... magazines sont bien à moi ?
   – Oui, ce sont bien .... / .... magazines.

75

CHAPITRE 8
Les adjectifs démonstratifs et possessifs — Bilan

2 Complétez.

a| Avec des adjectifs démonstratifs.

– Pierre ! Viens ici, regarde .... (1) chambre ! Tu ranges .... (2) affaires tout de suite ! Et puis, tu ramasses .... (3) photos, s'il te plaît ! Tu mets .... (4) pull dans .... (5) armoire et .... (6) raquette dans .... (7) sac de sport . Et .... (8) rollers sur .... (9) lit ! Vraiment, tu exagères !

b| Avec des adjectifs possessifs.

– Pierre ! Viens ici, regarde .... (10) chambre ! Tu ranges .... (11) affaires tout de suite ! Et puis, tu ramasses .... (12) photos, s'il te plaît ! Tu mets .... (13) pull dans .... (14) armoire et .... (15) raquette dans .... (16) sac de sport . Et .... (17) rollers sur .... (18) lit ! Vraiment, tu exagères !

3 Complétez avec des adjectifs démonstratifs ou possessifs.

Des cadeaux pour ma famille

– Regarde, je prends .... (1) parfum pour .... (2) mère, ... (3) cravate pour .... (4) frère, ... (5) boucles d'oreille et .... (6) foulard pour .... (7) cousines Léa et Lucie et .... (8) oiseau en argent pour .... (9) tante et .... (10) oncle.

– Et pour .... (11) père ?

– J'hésite. Peut-être .... (12) après-rasage ou .... (13) eau de toilette, je ne sais pas encore.

– Tu n'oublies personne ?

CHAPITRE 9

L'ADJECTIF QUALIFICATIF

▶ Caractériser une personne, une chose, un lieu

A LE MASCULIN ET LE FÉMININ DE L'ADJECTIF

FORMATION	
Pour former l'adjectif féminin, on ajoute un **-e** à la forme du masculin.	poli/poli**e** grand/grand**e**
Si l'adjectif masculin se termine par un **-e**, il a la même forme au féminin.	calme/calm**e** rapide/rapid**e**
Parfois, la consonne finale double.	canadien/canadie**nne** bon/bo**nne** gros/gro**sse** naturel/nature**lle**
Parfois, toute la syllabe finale change.	act**if**/act**ive** amour**eux**/amour**euse** trich**eur**/trich**euse** lég**er**/lég**ère**
Un grand nombre d'adjectifs ont une forme très différente au masculin et au féminin.	beau/belle - blanc/blanche - doux/douce - faux/fausse - fou/folle - frais/fraîche - jaloux/jalouse - long/longue - roux/rousse - vieux/vieille

1 Soulignez l'adjectif correct.

1. Mon petit ami est **australien**/**australienne**.
2. Cette jeune femme est **camerounais**/**camerounaise**.
3. J'ai une amie **égyptien**/**égyptienne**.
4. C'est une championne de tennis **suédoise**/**suédois**.
5. Mon fils est en vacances dans une famille **espagnol**/**espagnole**.
6. Je ne connais pas cet acteur **chinois**/**chinoise**.
7. C'est un touriste **mexicain**/**mexicaine**.
8. J'aime cette chanteuse **argentin**/**argentine**.

CHAPITRE 9
L'adjectif qualificatif

2 Soulignez le sujet correct.

1. <u>Ce sac</u>/Cette valise est lourd.
2. **Cette bouteille**/**Ce verre** est pleine.
3. **Ce vase**/**Cette vitre** est cassé.
4. **Le coffre**/**La voiture** est ouvert.
5. **Le café**/**L'eau** est chaude.
6. **La cuisine**/**Le salon** est clair.
7. **Cet immeuble**/**Cette maison** est ancienne.
8. **Ce musée**/**Cette exposition** est payante.

3 Soulignez l'adjectif correct.

Caractériser une personne

1. Cette actrice est très **joli**/<u>**jolie**</u> mais un peu trop **grand**/<u>**grande**</u>.
2. Mon fils est **petit**/**petite**, **rond**/**ronde** et **frisé**/**frisée** comme son père.
3. Il est assez **âgé**/**âgée** mais encore très **musclé**/**musclée**.
4. Est-elle **brune**/**brun** ou **blonde**/**blond** ?
5. Regarde ce bébé, comme il est **mignon**/**mignonne** !
6. Il trouve qu'il est trop **gros**/**grosse** : il veut maigrir.

4 Qui parle ? Un homme (H), une femme (F), un homme ou une femme (H/F) ?

Caractériser une personne

1. Je suis malheureux.   H
2. Je suis prudente.   ………
3. Je suis fatiguée.   ………
4. Je suis triste.   ………
5. Je suis fâché.   ………
6. Je suis active.   ………
7. Je suis satisfait.   ………
8. Je suis impatient.   ………
9. Je suis amoureuse.   ………
10. Je suis drôle.   ………

5 Trouvez les adjectifs masculins pour Michel et féminin pour Carole.

sportive ~~beau~~ sérieuse douce turque roux gentille
sportif folle vieille menteur vieux gentil doux
turc fou rousse ~~belle~~ sérieux menteuse

Michel est :

1. *beau*
3. ………
5. ………
7. ………
9. ………
11. ………
13. ………
15. ………
17. ………
19. ………

Carole est :

2. *belle*
4. ………
6. ………
8. ………
10. ………
12. ………
14. ………
16. ………
18. ………
20. ………

78

CHAPITRE 9
L'adjectif qualificatif

6 Transformez les phrases. *Caractériser une personne*

1. Mon cousin est très intelligent mais un peu fou.
   Ma cousine est **très intelligente mais un peu folle**.
2. Ma mère est naturelle et douce.
   Mon père est ....
3. Mon frère est menteur et impoli.
   Ma sœur est ....
4. Ma grand-mère est une femme passionnée et cultivée.
   Mon grand-père est un homme ....
5. Mon oncle est très jaloux et parfois violent.
   Ma tante est très ....
6. Ma belle-mère est généreuse et gentille.
   Mon beau-père est ....

7 Complétez avec les adjectifs *jaune, vert, blanc, rouge, noir*. *Caractériser une chose*

1. Une banane est *jaune* ou *verte*.
2. Le sucre est .... et la farine est ....
3. Une pomme peut être ...., ... ou ....
4. Le chocolat est .... ou ....
5. Une olive est .... ou ....

8 Soulignez l'adjectif correct.

1. Ce billet est **faux/fausse**.
2. Cette histoire est très **longue/long**.
3. Ce bébé a la peau très **doux/douce**.
4. Je voudrais de l'eau **frais/fraîche**.
5. Je n'aime pas le saucisson **sèche/sec**.
6. Cette voiture est toute **neuf/neuve**.
7. Un peu de vin ? Il est très **léger/légère**.
8. C'est un **gros/grosse** dictionnaire.

9 Trouvez un contraire et complétez. *Caractériser une chose ou un lieu*
   (Attention à l'accord de l'adjectif.)

   lent   léger   ~~froid~~   bas   fermé   plein   pauvre   ancien   mouillé   étroit

1. Tu préfères le thé **chaud** ou *froid* ? Tu préfères la pizza **chaude** ou *froide* ?
2. Cette chaise est **haute**, l'autre est .... Ce fauteuil est ...., l'autre est ....
3. Cette voiture est **rapide**, l'autre est .... Ce train est ...., l'autre est ....

79

CHAPITRE 9
L'adjectif qualificatif

4. Ta valise est **lourde** ou .... ? Ton sac est .... ou .... ?
5. Je n'aime pas cet immeuble **moderne**, je préfère cet immeuble ....
   Je n'aime pas cette maison ...., je préfère cette maison ....
6. Ton parapluie est déjà **sec** ou encore .... ? Ta veste est déjà .... ou encore .... ?
7. L'entrée de ton appartement est **large** ou .... ? Le couloir de ton appartement est .... ou .... ?
8. Cette boîte est **vide**, l'autre est .... Ce tiroir est ...., l'autre est ....
9. Il vit dans un quartier **riche**, son frère, lui, vit dans un quartier .... Il vit dans une région ...., son frère, lui, vit dans une région ....
10. Une porte peut être **ouverte** ou .... Un magasin peut être .... ou ....

10 Mettez au féminin si nécessaire et dites si la personne est appréciée ou pas.

Donner son avis

		Oui	Non
1.	Il pense que sa secrétaire est un peu lent**e**.	☐	☒
2.	Pour moi, ce joueur est fantastique... .	☐	☐
3.	Comme cet enfant est bruyant... !	☐	☐
4.	À mon avis, ce conférencier est vraiment intéressant... .	☐	☐
5.	Pour moi, cette élève est spontané... .	☐	☐
6.	Ils disent que cet homme politique est malhonnête... .	☐	☐
7.	Je trouve que ma voisine est très gentil... .	☐	☐
8.	Pour nous, cette animatrice est vraiment bavard... .	☐	☐
9.	Vous ne croyez pas que cette artiste est génial... ?	☐	☐
10.	Nous trouvons que ce photographe est un peu indiscret... .	☐	☐

B — LE SINGULIER ET LE PLURIEL DE L'ADJECTIF

FORMATION

Pour former l'adjectif pluriel, on ajoute un **-s** à la forme du singulier.	étonné/étonné**s** agressive/agressive**s**
Les adjectifs qui se terminent par **-s** ou **-x** au masculin singulier ne changent pas au masculin pluriel.	françai**s**/françai**s** heureu**x**/heureu**x**
La majorité des adjectifs qui se terminent par **-al** au masculin singulier ont une forme de masculin pluriel en **-aux**.	internation**al**/internation**aux**
Les adjectifs qui se terminent par **-eau** au masculin singulier marquent le pluriel avec un **-x**.	nouveau/nouveau**x**
Quand il y a deux sujets, un masculin et un féminin, l'adjectif est au masculin pluriel.	Anne et Patrice sont intelligent**s**.

CHAPITRE 9
L'adjectif qualificatif

11 Qui parle ? Patrick et Marie ? Marie et Valérie ? Patrick et Arthur ? (Plusieurs réponses sont possibles.)

Caractériser une personne

	Patrick et Marie	Marie et Valérie	Patrick et Arthur
1. Nous sommes sportives.	☐	X	☐
2. Nous sommes douces.	☐	☐	☐
3. Nous sommes gentils.	☐	☐	☐
4. Nous sommes libres.	☐	☐	☐
5. Nous sommes désolés.	☐	☐	☐
6. Nous sommes folles.	☐	☐	☐
7. Nous sommes jaloux.	☐	☐	☐
8. Nous sommes bêtes.	☐	☐	☐
9. Nous sommes heureux.	☐	☐	☐
10. Nous sommes têtues.	☐	☐	☐

12 Indiquez si l'adjectif est au singulier (S), au pluriel (P) ou peut être singulier ou pluriel (S/P) puis complétez la deuxième partie.

a|

1. intéressants   P
2. gros   ....
3. épais   ....
4. lourd   ....
5. précieux   ....

6. faux   ....
7. cher   ....
8. nouveaux   ....
9. ancien   ....
10. unique   ....

b|

Ce livre est **gros**, ...

....

Ces livres sont ....

....

13 Indiquez si l'adjectif est au singulier (S), au pluriel (P) ou peut être singulier ou pluriel (S/P) puis complétez la deuxième partie.

a|

1. vieux   S/P
2. égoïste   ....
3. beaux   ....
4. joyeux   ....

5. maigre   ....
6. roux   ....
7. menteur   ....
8. naturels   ....

b|

Cet homme est **vieux**, ...

....

Ces hommes sont ....

....

81

CHAPITRE 9
L'adjectif qualificatif

14 Mettez les adjectifs au pluriel.

1. Un produit local – des produits *locaux*
2. Un costume régional – des costumes ....
3. Une occasion spéciale – des occasions ....
4. Une proposition nouvelle – des propositions ....
5. Un vol international – des vols ....
6. Un endroit tranquille – des endroits ....

15 Faites comme dans l'exemple.

Caractériser une chose ou un lieu

1. Voilà des machines **légères**, **fonctionnelles** et peu **chères**.
   Voilà des appareils *légers*, *fonctionnels* et peu *chers*.
2. Ces romans du 17ᵉ siècle sont assez **longs**, **complexes** mais **passionnants**.
   Ces œuvres du 17ᵉ siècle sont assez ...., ...
   mais ....
3. J'adore les quartiers **populaires**, **animés** et **commerçants**.
   J'adore les rues ...., ... et ....
4. Il écrit des articles **économiques** pour des journaux **régionaux**.
   Il écrit des chroniques .... pour des revues ....
5. Ces maisons **anciennes** sont **merveilleuses** mais **froides** et **inconfortables**.
   Ces immeubles .... sont ....
   mais .... et ....
6. Les tableaux de cet artiste sont **beaux**, **rares** mais trop **chers** pour moi.
   Les photos de cet artiste sont ...., ...
   mais trop .... pour moi.

C   LA PLACE DE L'ADJECTIF

Généralement, l'adjectif se place **après** le nom.	J'ai des amis **sympathiques**.
Les adjectifs suivants sont généralement **avant** le nom : petit, grand, beau, bon, jeune, vieux, gros, joli, mauvais, nouveau.	une **petite** rue, une **longue** avenue, un **joli** parc…
Les adjectifs **beau**, **vieux** et **nouveau** changent de forme quand ils sont devant un nom masculin singulier qui commence par une voyelle ou un *h* muet.	un **bel** appartement un **vieil** appareil photo un **nouvel** hôpital

CHAPITRE 9
L'adjectif qualificatif

16 Mettez dans l'ordre. (Le premier mot commence par une majuscule.)

1. a/cheveux/les/longs/Patricia   Patricia a les cheveux longs.
2. a/les/Ma/sœur/verts/yeux
   ....
3. a/anglais/cousins/des/Il
   ....
4. amis/as/des/sympathiques/Tu
   ....
5. cette/connais/fille/Je/ne/pas/petite
   ....
6. blonds/cheveux/de/enfants/Joëlle/Les/les/ont
   ....

17 Soulignez l'adjectif bien placé.

Caractériser une chose

1. Je cherche une **rouge/<u>petite</u>** lampe **petite/<u>rouge</u>**.
2. Je vends un **beau/électrique** piano **beau/électrique**.
3. Je cherche une **vieille/ronde** table **ronde/vieille**.
4. Je vends un **moderne/grand** canapé **grand/moderne**.
5. Je cherche un **chinois/joli** vase **chinois/joli**.
6. J'achète vos **vieux/persans** tapis **vieux/persans**.
7. Je cherche une **anglaise/belle** bibliothèque **belle/anglaise**.
8. Je vends un **petit/ancien** lit **ancien/petit**.

CHAPITRE 9
L'adjectif qualificatif

18 Complétez avec l'adjectif correct.

a| vieux   vieil   vieille   ~~vieilles~~

1. deux *vieilles* poupées
2. un .... train électrique
3. un .... ours en peluche
4. une .... maison de poupée

b| beau   bel   belle   beaux

5. trois .... tableaux
6. une très .... lampe
7. un .... tapis
8. un .... accordéon

c| nouveau   nouvel   nouvelle   nouvelles   nouveaux

Je viens d'acheter, pour mon .... (9) appartement, un .... (10) lit, une .... (11) table, quatre .... (12) chaises et deux .... (13) fauteuils.

19 Placez correctement les adjectifs. — *Caractériser une personne*

1. J'aime les .... gens *dynamiques*. **(dynamiques)**
2. Tu as de .... yeux ...., tu sais. **(beaux)**
3. C'est un .... bébé .... aux .... joues .... et aux .... cheveux .... **(gros, rondes, bouclés)**
4. C'est un .... monsieur .... **(vieux)**
5. Je préfère les femmes aux .... cheveux .... **(courts)**
6. Elle, elle adore les .... hommes .... aux .... yeux .... **(bruns, verts)**
7. Ce sont mes .... amis ...., Bill et Jennifer. **(américains)**
8. Nous avons un .... voisin .... **(aimable)** et une .... voisine .... **(désagréable)**

CHAPITRE 9
L'adjectif qualificatif

BILAN

1 Complétez avec un adjectif qui indique le pays d'origine.

1. Le sombrero est un chapeau ....
2. Le koala et le kangourou sont deux animaux ....
3. Le Caire et Le Cap sont deux villes ....
4. La samba est une danse ....
5. Le Fujiyama est une montagne ....
6. La Bourgogne est une région ....

2 Complétez la lettre avec un adjectif. (Attention à l'accord.)

heureux   cher (3 fois)   fleuri   gentil   idéal   clair   merveilleux
confortable   petit   délicieux   grand   touristique

.... (1) parents, ... (2) frère, ... (3) sœur,
Je passe des vacances .... (4) dans une région peu .... (5)
Je suis dans un hôtel très .... (6), ma chambre est .... (7)
mais très .... (8) et la nourriture est .... (9).
L'hôtel se trouve dans un .... (10) parc très .... (11).
Les gens du village sont vraiment .... (12). Vous voyez, je suis très
.... (13) ; c'est la vie .... (14) !
Grosses bises. À bientôt.   Anne

3 Complétez avec un adjectif.

(1) grand   (2) égyptien   (3) conservé   (4) petit   (5) jeune   (6) usuel   (7) quotidien
(8) exceptionnel   (9) gros   (10) précieux

Mesdames et Messieurs, nous sommes maintenant dans la .... (1) salle
.... des .... (2) antiquités ....
À droite, vous voyez des .... (3) momies très bien ....
La .... (4) momie .... est une .... (5)
princesse .... de 10 à 12 ans de la quatrième dynastie. Au centre, vous
pouvez admirer des .... (6) objets .... de la
.... (7) vie .... À gauche, vous avez des
.... (8) bijoux .... : remarquez ce bracelet avec ses
.... (9 et 10) pierres ....
....

85

CHAPITRE 10

LA COMPARAISON

➤ Comparer des personnes, des lieux et des choses

A L'ADJECTIF ET L'ADVERBE

Avec un adjectif	Guillaume est **plus** grand **que** Thomas. L'arc de triomphe est **moins** haut **que** la tour Eiffel. La chambre est **aussi** grande **que** le salon. Ce gâteau est **meilleur que** l'autre.
Avec un adverbe	Il parle **plus** doucement **que** toi. Michel court **moins** vite **que** son frère. Je travaille **mieux que** toi.

Attention : *Que* devient *qu'* devant les voyelles et un *h* muet : *plus qu'Isabelle*.
On ne dit pas : *plus bien*, mais *mieux*.
On ne dit pas : *plus bon*, mais *meilleur*.

1 Faites des phrases avec *plus, moins* ou *aussi... que*.

Comparer des personnes

1. Julien : 20 ans – sa sœur : 28 ans **(jeune)**
   Julien est plus jeune que sa sœur.
2. Caroline : 1, 75 m – sa mère : 1, 72 m **(grand)**
   ....
3. Rémi : 15 ans – son frère : 17 ans **(âgé)**
   ....
4. Michel : 4 h de sport – son cousin : 4 h de sport **(sportif)**
   ....
5. Christian : 72 kg – Stéphane : 94 kg **(lourd)**
   ....
6. Charles : 200 000 euros – Édouard : 50 000 euros **(riche)**
   ....

CHAPITRE 10
La comparaison

2 Faites des phrases avec plus (+), moins (-) ou aussi (=)... que.

1. le rose/le blanc : gai (=)   *Le rose est aussi gai que le blanc.*
2. le bleu ciel/le bleu marine : clair (+)
   Le bleu ciel ....
3. le marron/le noir : élégant (−)
   Le marron ....
4. le jaune/le rouge : vif (=)
   Le jaune ....
5. l'orange/le gris : triste (−)
   L'orange ....
6. le vert bouteille/le vert pâle : foncé (+)
   Le vert bouteille ....

3 Associez.

Les moyens de transport en ville

1. Il est aussi pratique que le bus mais plus rapide.
2. Elle est plus confortable que la moto mais pas plus rapide.
3. Je suis aussi libre qu'à pied, mais je vais un peu plus vite.
4. Elle est plus rapide que la voiture, mais plus dangereuse.
5. Il est plus fatigant que la moto mais moins polluant.
6. Il est aussi pratique que la voiture, mais plus cher.
7. Je peux voir la ville et il est moins cher que le taxi.
8. J'attends plus longtemps mais je ne paie rien.

a. Les rollers
b. Le taxi
c. Le bus
d. L'auto-stop
e. La voiture
f. Le métro
g. La moto
h. Le vélo

1.	2.	3.	4.	5.	6.	7.	8.
f							

4 Soulignez la forme correcte.

Comparer des choses

1. Ce gâteau est bon, mais l'autre est **meilleur/meilleure**.
2. Cette tarte est bonne, mais l'autre est **meilleure/meilleurs**.
3. Ces chocolats sont bons, mais les autres sont **meilleurs/meilleur**.
4. Cette crème est bonne, mais l'autre est **meilleur/meilleure**.
5. Ces pâtisseries sont bonnes, mais les autres sont **meilleure/meilleures**.
6. Ce fromage est bon, mais l'autre est **meilleure/meilleur**.

CHAPITRE 10
La comparaison

5 Complétez avec *mieux* ou *meilleur(e)(s)*.

1. J'aime bien l'avion, mais j'aime **mieux** le train.
2. Ce caméscope marche .... que l'autre.
3. Je vois .... avec ces lunettes.
4. Les résultats de Marie sont .... qu'avant.
5. Le café nature, c'est bon, mais avec de la crème, c'est ....
6. Sébastien travaille .... cette année que l'année dernière.
7. Caroline est encore à l'hôpital. Elle va .... ?
8. L'équipe de Bordeaux est .... que l'équipe de Marseille.

B LE NOM

Avec un nom

Cécile a **plus d'**amis **que** sa sœur.
Cet hôtel a **moins de** chambres **que** l'autre.
Il a **autant de** chance **que** toi.

Attention : *De* devient *d'* devant les voyelles et un *h* muet.

6 Complétez avec *plus de (d')* et *moins de (d')*.

Comparer des lieux

Conseils à un extra-terrestre en vacances sur terre

« Bienvenue sur notre planète ! Voici quelques conseils : si vous allez en Afrique, il y a **plus de** (1) soleil qu'au Pôle nord ! Vous pouvez voir .... (2) animaux sauvages et découvrir .... (3) paysages différents.
Si vous choisissez le Pôle nord, vous devez emporter .... (4) vêtements chauds. Vous pouvez voir .... (5) animaux, ... (6) paysages variés. Il y a .... (7) soleil et naturellement il y a .... (8) neige !! Voilà, que choisissez-vous ? »

CHAPITRE 10
La comparaison

7 Complétez avec *plus de (d')*, *autant de (d')* ou *moins de (d')*.

1. Les Boliviens mangent **moins de** poisson que les Japonais.
2. Les Italiens mangent .... pâtes que les Espagnols.
3. Les Anglais boivent .... vin que les Français.
4. Les Mexicains utilisent .... épices que les Suédois.
5. Les Coréens mangent .... riz que les Chinois.

8 Faites des phrases avec *plus de (d')*, *moins de (d')* ou *autant de (d')*.

Comparer des personnes

1. Emma fait beaucoup de ski, Noëlle, non.   **Emma fait plus de ski que Noëlle.**
2. Charles organise beaucoup de fêtes, Jérôme aussi.
   Charles ....
3. Emmanuel prend un cours de tennis par semaine, Xavier, deux.
   Emmanuel ....
4. Corinne envoie beaucoup de cartes postales, Ghislaine aussi.
   Corinne ....
5. Charlotte écoute beaucoup de musique, Jocelyne, non.
   Charlotte ....
6. Magali lit beaucoup de romans, Béatrice aussi.
   Magali ....

C   LE VERBE

Avec un verbe

Virginie parle **plus que** Brigitte.
Cette société gagne **moins que** l'autre.
J'aime **autant** les robes **que** les pantalons.

9 Complétez avec *plus*, *moins* ou *autant*.

Comparer des personnes

1. Généralement, les femmes fument **moins** que les hommes.
2. Les enfants travaillent .... que les adultes.
3. Les enfants pleurent mais les bébés pleurent beaucoup. Les bébés pleurent ....
   que les enfants.
4. Les gens voyagent toute l'année, ils voyagent .... en hiver qu'en été.
5. Les jeunes enfants dorment .... que les adultes.
6. Au casino, les femmes dépensent .... que les hommes, il n'y a pas de différence.
7. Les personnes âgées jouent .... aux jeux vidéo que les jeunes.

CHAPITRE 10
La comparaison

10 Complétez avec *plus que (qu')* ou *moins que (qu')*.

1. Tu regardes trop la télévision. Tu regardes la télévision **plus que** tes amis.
2. Ma sœur reste souvent seule à la maison, elle sort .... avant.
3. Vous lisez vraiment beaucoup, vous lisez .... nous.
4. Je n'aime pas beaucoup danser, je danse .... ma femme.
5. Mes voisins ont beaucoup d'argent maintenant, ils voyagent .... avant.
6. Quand je travaille, je mange peu : je mange .... le week-end.
7. Au bureau, j'utilise souvent internet ; je me connecte .... à la maison.
8. Les enfants préfèrent les films comiques, ils rient toujours .... nous.
9. Mes collègues fument trop, ils fument .... avant.
10. Mon mari n'aime pas beaucoup le ski, il skie beaucoup .... moi.

BILAN

1 Complétez avec *aussi* ou *autant de (d')*.

L'appartement du 5ᵉ étage
- coûte (1) .... cher
- a (2) .... pièces
- est (3) .... calme
- a (4) .... soleil
- est (5) .... bien équipé
- est (6) .... beau
- a (7) .... charme
- a (8) .... espace

que l'appartement du 10ᵉ étage.

2 Complétez avec *aussi*, *autant* ou *autant de (d')*.

Les snobs

1. Ma Ferrari est .... rapide que votre Lamborghini.
2. Je dirige .... sociétés que vous.
3. Mon parc a .... hectares que votre parc.
4. Je voyage .... que vous.
5. Mon château a .... pièces que votre château.
7. Je gagne .... que vous.

CHAPITRE 10
La comparaison — Bilan

3 Complétez.

Mon frère, qui mesure 1 m 80, est (+) .... (1) (**grand**) que moi. Je suis (+) .... (2) (**petit**), c'est vrai, mais je pèse (+) .... (3) (**lourd**) que lui et je suis (+) .... (4) (**fort**), peut-être parce qu'il mange (–) .... (5) et qu'il boit (–) .... (6) (**lait**) que moi. Au lycée, il travaille (=) .... (7) (**bien**) que moi mais ses notes (+) sont .... (8) (**bon**) en mathématiques et (–) .... (9) (**bon**) en français.
Pour les langues, je parle (+) .... (10) (**bien**) l'anglais que lui mais il est (+) .... (11) (**bon**) en allemand.
Enfin, il est végétarien. Il mange (=) .... (12) (**gâteaux**) que moi parce qu'il est gourmand et il aime (=) .... (13) les fruits, mais son alimentation est (–) .... (14) (**variée**).

4 Regardez le tableau et faites des phrases.

	Les Français	Les Allemands	Les Italiens	Les Belges	Les Luxembourgeois	Les Anglais
1. acheter des surgelés			4 kg/par an/par pers.			19 kg/par an/par pers.
2. boire de la bière				119 l/par an/par pers.	119 l/par an/par pers.	
3. manger du beurre		8 kg/par an/par pers.			8 kg/par an/par pers.	
4. avoir des chats		4,2 millions				6,8 millions
5. fumer				33 % des pers.		33 % des pers.
6. lire des journaux	193 pour mille pers.	344 pour mille pers.				
7. regarder la télévision	3 h /jour					3 h 15/jour

pers. = personne   l = litre   kg = kilogramme

1. Les Italiens achètent ....
2. Les Luxembourgeois boivent ....
3. Les Allemands mangent ....
4. Les Anglais ont ....
5. Les Belges fument ....
6. Les Français lisent ....
7. Les Anglais regardent ....

Vous pouvez faire l'évaluation 3, pages 134-135.

CHAPITRE 11
L'ARTICLE PARTITIF ET LES QUANTITÉS

➤ Préciser la quantité, le nombre ➤ S'informer sur le nombre

A. DU, DE LA, DE L', DES

L'ARTICLE DÉFINI	L'ARTICLE PARTITIF
le pain	Je mange **du** pain.
la confiture	J'ajoute **de la** confiture.
l' huile d'olive	Je mets **de l'** huile d'olive.
les pâtes	Je prépare **des** pâtes.
le soleil	Il y a **du** soleil.
le temps	Il a **du** temps.

Attention : Avec les verbes *aimer, adorer, préférer, détester*, on utilise les articles *le, la, l'* ou *les*.

1 Soulignez la forme correcte.

1. Dans la salade niçoise, on met **de l'/de la** salade verte, **des/de la** tomates, **de la/des** olives noires, **des/du** poivrons, **du/de l'** thon, et **de la/de l'** huile d'olive.
2. Pour faire des crêpes bretonnes, il faut **de la/du** farine, **de l'/du** lait et **des/du** sucre.
3. Dans la choucroute alsacienne, il y a **de la/du** chou, **de l'/de la** charcuterie et **des/de la** bière.

2 Complétez avec les mots de la liste *du, de la, de l'* ou *des*.

le pain   le dentifrice   l'aspirine
les médicaments   l'alcool à 90°   les pansements
la bière   l'huile   la tarte aux pommes
la brioche   l'eau minérale   les gâteaux
le beurre   les croissants   les œufs

1. Dans une boulangerie-pâtisserie, on peut acheter : *du pain*, ...
   ....
2. Dans une pharmacie, on peut acheter : ....
   ....
3. Dans une épicerie, on peut acheter : ....
   ....

CHAPITRE 11
L'article partitif et les quantités

3 Complétez avec *du, de la, de l'* ou *des* et choisissez une réponse.

un vêtement   un tableau   une poterie   ~~un cadre~~

1. – Avec *du* bois, ... colle et .... verre, qu'est-ce qu'on peut fabriquer ?
   – *Un cadre.*

2. – Avec .... tissu et .... fil, qu'est-ce qu'on peut fabriquer ?
   – ....

3. – Avec .... eau et .... terre, qu'est-ce qu'on peut faire ?
   – ....

4. – Avec .... peinture, ... papier et .... imagination, qu'est-ce qu'on peut fabriquer ?
   – ....

4 Complétez avec *du, de la, de l', des*.

Au restaurant universitaire

– Qu'est-ce qu'il y a au menu aujourd'hui ?
– En entrée, vous avez *de la* (1) salade de tomates ou .... (2) pâté. Comme plat principal, vous pouvez choisir entre .... (3) poulet avec .... (4) frites ou .... (5) saucisses avec .... (6) purée. Après, il y a .... (7) fromage.
– Et comme dessert ?
– .... (8) fruits, ... (9) crème caramel ou .... (10) gâteau au chocolat.

93

CHAPITRE 11
L'article partitif et les quantités

5 Complétez avec *le, la, les, du, de la, des*.

Chez nous, tout le monde aime *le* (1) lait. Le matin, les enfants prennent .... (2) chocolat au lait, ma femme, ... (3) thé au lait et moi, ... (4) café au lait. En plus, les enfants adorent .... (5) croissants et .... (6) brioche. Le dimanche, je me lève tôt et je vais acheter .... (7) croissants au beurre et .... (8) brioche. Ma femme et moi, nous préférons .... (9) pain, alors je prends aussi .... (10) pain bien chaud.

PRÉCISER UNE QUANTITÉ AVEC UN NOM
un **litre** d'eau   un **verre de** lait
un **kilo** d'oranges   une **bouteille de** bière
une **boîte de** bonbons

6 Complétez.

Préciser la quantité

a) À la crèmerie

| un morceau de | des | 500 grammes d' | de l' |
| un litre de | une douzaine d' | ~~du~~ |

– Bonjour, Monsieur, je voudrais *du* (1) roquefort,
.... (2) emmental et
.... (3) œufs.
– Oui, combien ?
– .... (4) œufs, ... (5) roquefort et .... (6) emmental.
– Ce sera tout ?
– Non, donnez-moi aussi .... (7) lait, s'il vous plaît.

b) À l'épicerie

| des | du | ~~un kilo de~~ | une bouteille d' | de la | 100 grammes de |

– Bonjour Madame.
– Bonjour Monsieur.
– Je voudrais **un kilo de** (1) cerises,
.... (2) bananes et
.... (3) fromage râpé, s'il vous plaît.
Et donnez-moi aussi .... (4) eau,
.... (5) crème fraîche et
.... (6) poivre.
– Voilà. Autre chose ?

CHAPITRE 11
L'article partitif et les quantités

7 Complétez et dites où on peut entendre ces phrases.
Préciser la quantité

une boîte ~~une goutte~~ un verre un carnet un tube une assiette
un paquet une tablette un pot un flacon

1. Ajoutez **une goutte d'** huile d'olive sur votre pizza : c'est délicieux !
2. Bon, je prends .... eau oxygénée et .... dentifrice s'il vous plaît.
3. Je vais prendre .... café et .... sardines.
4. Bonjour Monsieur, je voudrais .... timbres, s'il vous plaît.
5. Garçon, je prends .... Beaujolais et .... charcuterie.
6. Il me faut .... chocolat noir et .... moutarde.

Restaurant	Pharmacie	Épicerie	Bureau de tabac
1	....	....	....

PRÉCISER UNE QUANTITÉ AVEC UN ADVERBE
Je bois **un peu de** bière.   Je mets **beaucoup d'**ail.
Je mange **trop de** viande.   J'ai **assez de** poivre.
J'achète **peu de** légumes.

8 Complétez avec un adverbe de quantité.
Préciser la quantité

~~trop de~~ peu de assez de beaucoup de un peu d' trop d'

1. Cinq morceaux de sucre dans ton café ! tu mets **trop de** sucre, ce n'est pas bon !
2. Il achète .... fruits et de légumes : c'est excellent pour la santé.
3. Vous buvez .... alcool : attention à votre foie !
4. J'ajoute .... ail dans la sauce : c'est délicieux.
5. Je fais .... salade : ma femme n'aime pas ça.
6. Deux bananes et deux oranges, il y a .... fruits pour nous quatre.

9 Complétez.

1. Je vous demande **un peu de silence** (un peu/silence) parce que nous n'avons pas .... (beaucoup/temps).
2. Avec .... (un peu/courage), on peut faire .... (beaucoup/choses).

95

CHAPITRE 11
L'article partitif et les quantités

3. Il y a .... (**trop/artistes**) avec ....
   (**peu/talent**) qui gagnent .... (**beaucoup/argent**).
4. Il ne fait pas .... (**assez/efforts**), il a ....
   (**peu/chance**) de réussir.

EXPRIMER UNE NÉGATION	
— Elle fait du café ?	— Non, elle **ne** fait **pas de** café.
— Tu prends de la soupe ?	— Non, je **ne** prends **pas de** soupe.
— On a des pâtes ?	— Non, on **n'**a **pas de** pâtes.
— Il y a de l'eau ?	— Non, il **n'**y **pas d'**eau.
— Il a de la chance ?	— Non, il **n'**a **pas de** chance.

10 Mettez à la forme négative.

L'optimiste dit : J'ai de la chance, j'ai de l'argent, j'ai du travail, j'ai du temps, j'ai des amis. Je suis heureux ! Le pessimiste dit : *Je n'ai pas de chance*, ...
....
....

11 Répondez de façon négative.

Quel mauvais cuisinier !

1. Dans la soupe, je mets du chocolat ?
   Non, *il n'y a pas de chocolat* dans la soupe !
2. Des bananes dans la purée de pommes de terre ?
   Non, ... dans la purée de pommes de terre !
3. J'ajoute du sucre dans les spaghetti ?
   Non, ... dans les spaghetti !
4. Dans la mousse au chocolat, tu mets du vin ?
   Non, ... dans la mousse au chocolat !

B LE PRONOM *EN*

LE PRONOM *EN*		
Tu prends **du** sucre ?	— Oui, j'**en** prends.	— Non, je n'**en** prends pas.
Tu veux **de la** sauce ?	— Oui, j'**en** veux.	— Non, je n'**en** veux pas.
Il y a **de l'**omelette ?	— Oui, il y **en** a.	— Non, il n'y **en** a pas.
Tu as **des** cigarettes ?	— Oui, j'**en** ai.	— Non, je n'**en** ai pas.
Elle a **du** talent ?	— Oui, elle **en** a.	— Non, elle n' **en** a pas.

CHAPITRE 11
L'article partitif et les quantités

12 Complétez avec le pronom *en*. (Rétablissez l'apostrophe si nécessaire.)

La soirée d'anniversaire

– Des bougies ?
– On *en a* (1) **(avoir)**.
– Du champagne ?
– Non, on .... (2) **(ne pas avoir)**.
  J'.. (3) **(acheter)** ?
– Oui, bien sûr. Des petites choses à manger ?
– Il .... (4) **(y avoir)**, on .... (5) **(ne pas manquer)** et en plus, Marie .... (6) **(apporter)**.
– De la musique ?
– J'.. (7) **(avoir)**, de tous les styles !
– Et des cadeaux ?
– Il .... (8) **(falloir)**, mais je ne sais pas quoi. Tu as une idée ?

13 Mettez dans l'ordre. (Le premier mot commence par une majuscule.)

1. en/n'/mange/pas/Je   *Je n'en mange pas.*
2. n'/veut/pas/Il/en
   ....
3. Nous/mettons/dans/pas/en/soupe/la/n'
   ....
4. n'/pas/boivent/Ils/en/souvent
   ....
5. y/pas/chez/Il/n'/moi/a/en
   ....
6. pas/du/Vous/en/tout/voulez/n'/ ?
   ....

LE PRONOM *EN* AVEC UNE QUANTITÉ

– Tu as **un** ordinateur ?	– Oui, j'**en** ai **un**.
– Tu as **une** voiture ?	– Oui, j'**en** ai **une**.
– Tu as **des** frères ?	– Oui, j'**en** ai **deux**.
– Tu as **des** amis français ?	– Oui, j'**en** ai **beaucoup**.
– Tu as **des** C.D. de jazz ?	– Oui, j'**en** ai **une dizaine**.

97

CHAPITRE 11
L'article partitif et les quantités

14 Répondez aux questions avec le pronom *en*. *Préciser le nombre*

1. Des sœurs ? **(non)**   *Je n'en ai pas.*
2. Des frères ? **(deux)**
   ....
3. Des copains d'école ? **(beaucoup)**
   ....
4. Des grands-parents ? **(quatre)**
   ....
5. Des amis français ? **(non)**
   ....
6. Des cousins ? **(une dizaine)**
   ....

15 Répondez aux questions avec le pronom *en*. *Préciser la quantité*

1. Des manteaux ? J'*en ai un* **(un)**.
2. Des robes ? Elle .... **(plusieurs)**
3. Des T-shirts ? Il .... **(au moins vingt)**
4. Des jeans ? Elles .... **(beaucoup)**
5. Des ceintures ? Tu .... **(non)**
6. Des chaussures ? Vous .... **(une seule paire)**
7. Des chemises ? Ils .... **(une dizaine)**
8. Des pullovers ? On .... **(cinq)**

16 Complétez avec le pronom *en*. *Préciser la quantité*

a|
– Donnez-moi dix croissants au beurre, s'il vous plaît.
– Pardon, vous *en* voulez combien ?
– J'*en* veux *dix*.

b|
– Je voudrais douze roses, s'il vous plaît.
– Pardon, vous .... voulez combien ?
– J'............... voudrais ....

c|
– Je voudrais six bouteilles de champagne, s'il vous plaît.
– Excusez-moi, vous .... prenez combien ?
– J'............... prends ....

CHAPITRE 11
L'article partitif et les quantités

d|
– Est-ce que je pourrais avoir deux paquets de café, s'il vous plaît ?
– Pardon, vous .... prenez combien ?
– J'..................... voudrais ....

e|
– Vous me donnez huit pains au chocolat, s'il vous plaît.
– Pardon, vous .... voulez combien ?
– J'..................... voudrais ....

C LA QUESTION COMBIEN DE... ?

17 Associez.
S'informer sur le nombre

a. Combien de

b. Combien d'

1. *étudiants sont là aujourd'hui ?*
2. livres devez-vous lire cette année ?
3. examens devez-vous passer ?
4. devoirs avez-vous pour demain ?
5. exercices devez-vous faire ?
6. leçons devez-vous apprendre ?
7. professeurs avez-vous ?
8. heures de cours sont obligatoires ?

1.	2.	3.	4.	5.	6.	7.	8.
b							

18 Trouvez la question.
S'informer sur le nombre

1. Il y a **combien de visiteurs** à la tour Eiffel tous les jours ?
   Il y a des milliers de visiteurs, je crois.
2. La tour Eiffel fait .... de haut ?
   Elle fait un peu plus de 300 mètres.
3. Il y a .... à Paris ?
   Il y a certainement plus de 200 églises à Paris.
4. .... prennent le métro tous les jours ?
   Plus de 3 millions de personnes !
5. Tu sais .... il y a à Paris ?
   Il y a au minimum 250 hôpitaux.
6. Et .... ?
   Des musées ? Plus de 100, je pense.
7. Il y a .... ?
   Deux très importants : l'aéroport d'Orly au sud, et l'aéroport de Roissy au nord.

99

CHAPITRE 11
L'article partitif et les quantités

BILAN

1 Complétez.

La météo

Ce matin, on annonce .... (1) mauvais temps : beaucoup .... (2) pluie, beaucoup .... (3) vent avec .... (4) neige peut-être ! Il y a .... (5) températures négatives dans tout le pays et pas .... (6) soleil aujourd'hui ! Je n'aime pas .... (7) mauvais temps : je reste chez moi ! J'ai .... (8) travail à la maison et beaucoup .... (9) exercices à faire !

2 Complétez.

Hélène : Alors, pour le petit déjeuner je te propose .... (1) café, ... (2) thé, ... (3) pain, ... (4) croissants et .... (5) confiture de fraises.

Bertrand : C'est tout ce que tu as ?

Hélène : Oui, pourquoi ? Ce n'est pas assez ?

Bertrand : Non, ça va, mais écoute, je ne bois pas .... (6) café le matin, je ne prends pas .... (7) pain au petit déjeuner, je n'aime pas .... (8) thé, je déteste .... (9) croissants, le docteur m'interdit .... (10) confiture.

Hélène : Tu es difficile ! Qu'est-ce que tu veux alors ? .... (11) caviar et .... (12) champagne peut-être !

Bertrand : Non merci, pas le matin. Je veux juste .... (13) chocolat froid, ... (14) œufs au plat, ... (15) biscottes et .... (16) jus d'orange. Et attention, tu ne mets pas .... (17) sucre dans le chocolat et pas .... (18) sel sur les œufs !

Hélène : Excuse-moi, mais ce n'est pas un hôtel ici ! Alors, tu prépares ton petit déjeuner toi-même !

3 Complétez le texte.

En vacances, nous allons au bord de la mer. Nous sommes un groupe .... (1) amis et nous faisons .... (2) camping : nous n'avons pas beaucoup .... (3) argent. En général, le matin, nous restons à la plage pour faire .... (4) surf ; l'après-midi, il y a beaucoup .... (5) monde et surtout beaucoup .... (6) enfants. Le soir, Gaston prépare .... (7) pâtes ou un plateau .... (8) fruits de mer. Comme beaucoup .... (9) jeunes, nous aimons .... (10) musique, alors, nous allons sur la plage, nous dansons et chantons. Nous nous amusons comme des fous !

CHAPITRE 11
L'article partitif et les quantités — Bilan

4 Complétez le dialogue.

La fête des mères

Diane : Demain, c'est la fête des mères. J'offre .... (1) roses jaunes à ma mère.

Rebecca : Moi, je cherche .... (2) disques. Ma mère adore .... (3) musique classique, elle a beaucoup .... (4) disques de Mozart. Elle aime .... (5) jazz aussi.

Laurence : Moi, je n'achète pas .... (6) cadeau, je n'ai pas .... (7) argent. Je fais un gros gâteau avec .... (8) crème, j'écris .... (9) poèmes et mon frère fait .... (10) dessins.

Pauline : Tu as .... (11) chance ! Ma mère n'aime pas .... (12) gâteaux, elle veut seulement .... (13) cadeaux, elle .... (14) veut beaucoup ! Alors, je dois demander .... (15) argent à toute la famille !

Hélène : Moi, je n'ai pas beaucoup .... (16) argent mais j'.................... (17) ai assez pour acheter .... (18) parfum. Ma mère aime beaucoup ça. Elle .... (19) met tous les jours !

5 Mettez dans l'ordre. (Le premier mot commence par une majuscule.)

1. alors / des / Je / mange / n' / pas / pain / le / biscottes / je / aime
   ....

2. jus de fruits / les / frais / Nous / adorons
   ....

3. voudrais / cerises / s'il vous plaît / Je / de / kilo / un
   ....

4. lait / ne / pas / beaucoup / de / boit / Elle
   ....

5. faut / un / biscuits / prendre / pour / paquet / Il / de / Stéphane
   ....

6. ne / alcool / boire / pas / Tu / d' / dois
   ....

CHAPITRE 12
LES PRONOMS PERSONNELS COMPLÉMENTS

➤ Donner des directives ➤ Informer sur les personnes

A LES PRONOMS COMPLÉMENTS D'OBJET DIRECT

POUR UNE PERSONNE	
me (m')	Paul **me** connaît bien et **m'**apprécie.
te (t')	Il **te** comprend et **t'**admire.
nous	Il **nous** voit tous les jours.
vous	Il **vous** invite souvent.

Attention : *me* et *te* deviennent *m'* et *t'* devant une voyelle ou un *h* muet.

POUR UNE PERSONNE OU UNE CHOSE	
le (l')	Je vois **Pierre** tous les jours. Je **le** vois tous les jours. J'aime beaucoup **ce musée**. Je **l'**aime beaucoup.
la (l')	Je prends souvent **ma voiture**. Je **la** prends souvent.
les	Je rencontre souvent **ces gens**. Je **les** rencontre souvent.

Attention : *le* et *la* deviennent *l'* devant une voyelle ou un *h* muet.

1 Complétez avec *me (m')* ou *te (t')*.

1. – Tu **me** connais vraiment ?
   – Oui, bien sûr, je **te** connais !

2. – Tu .... appelles ce soir ?
   – Oui, pas de problèmes, je .... appelle ce soir !

3. – Tu .... attends un instant ?
   – Oui, je .... attends, mais pas trop longtemps.

4. – Tu .... comprends ?
   – Mais oui, bien sûr, je .... comprends très bien !

5. – Tu .... invites bientôt ?
   – D'accord, je .... invite le week-end prochain, si tu es libre.

6. – Tu .... aimes vraiment ?
   – Pourquoi cette question ? Mais oui, je .... aime et pour la vie !!

CHAPITRE 12
Les pronoms personnels compléments

2 Réécrivez les textes.

Informer sur les personnes

a| Avec le pronom *nous*.

Jacques et Julie me connaissent bien. Ils m'appellent souvent et ils m'invitent à dîner chez eux. Ils m'aident, ils m'écoutent quand c'est nécessaire : ce sont de très bons amis.

Jacques et Julie **nous connaissent** (1) bien. .... (2) souvent et .... (3) à dîner chez eux. .... (4), ... (5) quand c'est nécessaire : ce sont de très bons amis.

b| Avec le pronom *vous*.

Aline, je te vois tous les jours dans le métro. Je te trouve très jolie. Je te regarde, je t'écoute parler avec tes amies. Je crois que je t'aime.

Mademoiselle, ***je vous vois*** (6) tous les jours dans le métro. ....
(7) très jolie. .... (8), ... (9) parler avec vos amies. Je crois que .... (10).

3 Soulignez la réponse correcte. (Deux réponses sont parfois possibles.)

1. Je **le** prends tous les jours. **le métro**/ma voiture
2. Tu **les** connais bien ? tes voisins/ton professeur
3. Je ne **l'**aime pas du tout. Gérard Depardieu/Vanessa Paradis
4. Ils **la** regardent souvent. les photos/la télévision
5. Tu **le** comprends ? le Président/les guides
6. Vous **l'**écoutez régulièrement ? ce disque/cette cassette
7. Elle **les** apprend bien. la grammaire/les leçons
8. Tu **la** ranges où ? ta bicyclette/ton vélo

4 Associez.

1. Je le lave.
   Je le repasse.
2. Je l'allume.
   Je la regarde.
3. Je l'achète.
   Je le lis.
4. Je les prépare.
   Je les réussis.
5. Je la vois.
   Je l'achète.
6. Je les choisis.
   Je les mets.

a. le journal
b. les chaussures
c. le linge
d. la télévision
e. la robe
f. les examens

1.	2.	3.	4.	5.	6.
c					

103

CHAPITRE 12
Les pronoms personnels compléments

5 Complétez avec *le, la, l'* ou *les*.

Donner des directives

Nous déménageons !

1. Bon, le buffet, vous **le** mettez dans la salle à manger.
2. Les deux fauteuils, vous .... mettez là !
3. La lampe, vous .... posez là-bas.
4. Ces vases, vous .... donnez à ma fille.
5. Cette armoire, on .... laisse ici.
6. Le canapé, je .... mets à droite.
7. Les chaises, vous .... mettez à gauche.
8. La table de ping-pong, on .... installe dehors. Voilà, merci messieurs !

6 Complétez avec le pronom correct.

1. – Tu vois Bertrand ? – Oui, je **le** vois souvent.
2. – Il appelle Julie ? – Oui, il .... appelle régulièrement.
3. – Vous invitez vos voisins ? – Oui, nous .... invitons souvent.
4. – Tu promènes leur chien ? – Oui, je .... promène deux fois par jour.
5. – Ils emmènent tes enfants en week-end ? – Oui, ils .... emmènent quelquefois.
6. – Ils reçoivent Marie ? – Oui, ils .... reçoivent souvent.
7. – Le directeur vous accueille tous les jours ? – Oui, il .... accueille tous les jours.
8. – Vous voyez Florence le dimanche ? – Oui, nous .... voyons le dimanche en général.

B LES PRONOMS COMPLÉMENTS D'OBJET INDIRECT

POUR UNE PERSONNE	
me (m')	Sophie **me** téléphone et **m'**écrit souvent.
te (t')	Elle **te** parle et **t'**explique.
lui	Je demande le chemin **au policier**. Je **lui** demande le chemin. Je réponds **à la dame**. Je **lui** réponds.
nous	Elle **nous** écrit tous les jours.
vous	Elle **vous** offre souvent des cadeaux.
leur	J'explique tout **aux enfants**. Je **leur** explique tout.

Attention : *me* et *te* deviennent *m'* et *t'* devant une voyelle ou un *h* muet.

104

CHAPITRE 12
Les pronoms personnels compléments

7 Complétez avec *me (m')*, *te (t')*, *nous* ou *vous*.

1. – Vous me donnez des nouvelles, promis ?
   – Oui, nous *te* téléphonons quand nous arrivons !

2. – Tu m'écris, c'est sûr ?
   – Oui, je .... envoie une carte.

3. – Tu me poses une question ?
   – Oui, je .... demande si tu viens.

4. – Tu nous parles ?
   – Oui, je .... dis qu'il commence à pleuvoir.

5. – Qu'est-ce que tu me dis ?
   – Je .... explique quelque chose !

6. – Qu'est-ce que vous voulez les enfants ?
   – Vous pouvez .... montrer le chemin, SVP.

8 Associez.

1. Je leur donne des informations.
   Je leur annonce le programme.
2. Je leur indique le chemin.
   Je leur réponds parfois en anglais.
3. Je lui offre des cadeaux.
   Je lui apporte des fleurs.
4. Je lui chante des chansons.
   Je lui achète des jouets.
5. Je leur écris souvent.
   Je leur téléphone aussi.
6. Je lui commande une boisson.
   Je lui laisse un pourboire.

a. aux nouveaux étudiants
b. au bébé
c. au serveur
d. à mes parents
e. à ma fiancée
f. à des touristes

1.	2.	3.	4.	5.	6.
a					

9 Mettez dans l'ordre. (Le premier mot commence par une majuscule.)

1. vous/une/Je/question/pose/facile   *Je vous pose une question facile.*
2. message/lui/Vous/un/laissez/ ?
   ....
3. m'/Tu/chemin/le/indiques/?
   ....
4. calmement/Nous/parlons/te
   ....
5. les/Elle/toutes/écrit/nous/semaines
   ....
6. immédiatement/obéissent/Ils/t'/ ?
   ....

105

CHAPITRE 12
Les pronoms personnels compléments

10 Complétez avec le pronom correct.

1. Tu téléphones à tes amis ce soir ? Oui, je **leur** téléphone après le dîner.
2. Il écrit à sa mère ? Oui, il .... écrit pour son anniversaire.
3. Vous parlez à vos enfants ? Oui, nous .... parlons le plus souvent possible.
4. Elle sourit à son ami Gustave ? Oui, elle .... sourit tendrement.
5. Il répond à ses étudiants ? Oui, il .... répond clairement.
6. Tu dis la vérité à tes parents ? Oui, je .... dis la vérité, généralement.

C. LA FORME NÉGATIVE

NE... PAS

Mireille **ne m'**entend **pas**.
Aurélie **ne te** parle **pas**.
Elle **ne leur** écrit **pas**.

11 Associez.

Informer sur les personnes

Quel distrait !

1. Il achète le journal.
2. Il allume la télévision.
3. Il fait le café.
4. Il croise ses amis.
5. Il beurre les tartines.
6. Il reçoit son courrier.
7. Il met la radio.
8. Il écrit sa lettre.

a. Il ne la poste pas !
b. Il ne les mange pas !
c. Il ne l'ouvre pas !
d. Il ne la regarde pas !
e. Il ne le lit pas !
f. Il ne les salue pas !
g. Il ne le boit pas !
h. Il ne l'écoute pas !

1.	2.	3.	4.	5.	6.	7.	8.
e							

12 Mettez dans l'ordre. (Le premier mot commence par une majuscule.)

1. écoutez/m'/ne/pas/Vous   **Vous ne m'écoutez pas.**
2. beaucoup/connais/les/ne/pas/Tu
   ....
3. Je/leur/ne/pas/souvent/téléphone/très
   ....

CHAPITRE 12
Les pronoms personnels compléments

4. assez/Ils/lui/ne/pas/répondent/vite

   ....

5. aiment/du/Elles/les/ne/pas/tout

   ....

6. entendons/bien/l'/ne/Nous/pas/très

   ....

13 Faites des phrases comme dans l'exemple.

1. Je déteste <u>ces gens</u>. Je *ne les supporte pas.* (ne pas supporter)
2. Je passe mes vacances avec <u>mes parents</u>. Je .... (ne pas envoyer) de cartes postales.
3. Je n'ai pas l'adresse de <u>Stéphanie</u>. Je .... (ne pas écrire)
4. <u>La radio</u> n'est pas assez forte. Je .... (ne pas entendre)
5. <u>Didier</u> parle mal. Je .... (ne pas comprendre)
6. <u>Florence</u> n'a pas son permis de conduire. Je .... (ne pas prêter) ma voiture.

BILAN

1 Associez.

1. On ne les écoute pas toujours.
2. On l'admire.
3. Ils nous interrogent.
4. On ne leur donne pas toujours la bonne réponse.
5. On la suit dans la rue.
6. On les respecte.
7. Elle nous fait rêver.
8. On lui demande un autographe.

a. l'actrice
b. les professeurs

1.	2.	3.	4.	5.	6.	7.	8.

CHAPITRE 12
Les pronoms personnels compléments — Bilan

2 Remplacez les mots soulignés par un pronom et conjuguez les verbes.

a|

— Tu connais le frère de Sylvie ?

— Non, je .... (1) (**ne pas connaître**). Pourquoi ?

— Moi, je .... (2) (**connaître**) un peu mais je

.... (3) (**ne pas aimer**) du tout. Il est très fier !

b|

— Il écrit souvent à ses parents ?

— Non, il .... (4) (**ne jamais écrire**). Il préfère

.... (5) (**téléphoner**), c'est plus facile. Mais il

.... (6) (**ne pas appeler**) tous les jours parce que

le Mexique, c'est loin et ça coûte cher.

c|

— Votre ami Akira parle français ?

— Non, très peu, alors nous .... (7) (**ne pas parler**)

en français mais nous .... (8) (**parler**) en anglais.

d|

— Allô, Claire ? C'est Bernard.

— Bonjour, ça va ?

— Oui. Dis, tu viens au cinéma avec moi ce soir ?

— Tu .... (9) (**inviter**) ?

— Non, je .... (10) (**ne pas inviter**), je

.... (11) (**propose**) seulement d'aller au cinéma.

— Voir quoi ?

— Le film avec Tom Hanks et Meg Ryan.

— Ah non, je .... (12) (**ne pas supporter**), tous les deux.

3 Complétez la conversation, puis répondez aux questions avec un pronom.

a| Conversation matinale

Thomas : Tu es déjà là ?

Claude : Oui, tu sais, j'habite à côté. Et toi, tu viens en voiture ?

Thomas : Non, je .... (1) (**ne pas utiliser**) dans Paris, je prends le train.

108

CHAPITRE 12
Les pronoms personnels compléments — Bilan

Claude : Tu .... (2) **(prendre)** à quelle heure ?

Thomas : À 7 heures. Je suis ici à 8 heures, et je téléphone tout de suite à Louise, ma femme.

Claude : Tu .... (3) **(appeler)** tous les matins ?
Tu .... (4) **(réveiller)** alors ?

Thomas : Non, je .... (5) **(ne pas réveiller)**, elle appelle les enfants, je .... (6) **(dire)** « bonne journée » et ils partent à l'école.

Claude : Moi je préfère habiter à Paris.

Thomas : Moi, la campagne ça .... (7) **(ne pas gêner)**.
Ma femme, elle, ne vient pas souvent à Paris : la vie ici, elle .... (8) **(ne pas supporter)** ! À Dourdan, elle a une école de yoga, elle a beaucoup d'élèves, elle .... (9) **(proposer)** souvent des stages.

Claude : Tu fais du yoga aussi ?

Thomas : Non, ça .... (10) **(ne pas intéresser)** beaucoup !
Je fais du sport avec les enfants : je .... (11) **(apprendre)** à jouer au tennis et on joue souvent dans le jardin.

Claude : Quelle chance, un jardin !

Thomas : Dimanche, vous êtes libres, ta femme et toi ? On .... (12) **(inviter)** à déjeuner, si vous voulez. Tu .... (13) **(demander)** si elle est d'accord ?

Claude : Avec plaisir. Je .... (14) **(dire)** ça demain.

b| Les questions

1. Est-ce que Thomas emmène <u>ses enfants</u> à l'école ?
   ....

2. Est-ce que la femme de Thomas organise <u>les stages de yoga</u> ?
   ....

3. Est-ce que Claude connaît <u>l'école de Louise</u> ?
   ....

4. Est-ce que Thomas donne des cours de tennis <u>à ses enfants</u> ?
   ....

5. Est-ce que Thomas invite <u>Claude et sa femme</u> ?
   ....

CHAPITRE 13
LES PRONOMS RELATIFS *QUI* ET *QUE*

> Définir une personne, une chose

A LE PRONOM RELATIF *QUI*

Qui est sujet et remplace une personne	J'ai un ami. Il parle quatre langues. J'ai un ami **qui** parle quatre langues.
Qui est sujet et remplace une chose	Je travaille dans un magasin. Il vend des souvenirs. Je travaille dans un magasin **qui** vend des souvenirs.

1 Faites une seule phrase avec le pronom relatif *qui*.

Définir une personne, une chose

1. Je lis un livre. Il parle de voyages. ***Je lis un livre qui parle de voyages.***
2. Elle écoute une chanson. Cette chanson parle d'amour.
   .... d'amour.
3. Voilà Patrick et Laure. Ils habitent à Bordeaux.
   .... à Bordeaux.
4. Tu lis un journal. Il donne les programmes de télévision.
   .... les programmes de télévision.
5. Vous regardez un film. Il raconte une histoire vraie.
   .... une histoire vraie.
6. J'ai vu un spectacle. Il dure trois heures.
   .... 3 heures.
7. Je te présente mes amis. Ils travaillent au Canada.
   .... au Canada.
8. Il écrit une comédie musicale. Elle raconte l'histoire de Quasimodo et d'Esmeralda.
   .... l'histoire de Quasimodo et d'Esmeralda.

2 Faites des phrases avec le pronom relatif *qui*.

Que font ces animaux ?

1. un hibou/voir la nuit
   Un hibou est un animal qui voit la nuit.

110

CHAPITRE **13**

Les pronoms relatifs *qui* et *que*

2. une vache/donner du lait
   ....
   ....
   ....

3. un ours/dormir en hiver
   ....
   ....
   ....

4. un mouton/donner de la laine
   ....
   ....
   ....

5. un singe/vivre dans les arbres
   ....
   ....
   ....

6. une tortue/porter sa maison sur son dos
   ....
   ....
   ....

3 Complétez comme dans l'exemple.

Définir une personne

~~dirige un ensemble musical~~   fait le pain   conduit une voiture
lit l'avenir   soigne les malades

1. Le chef d'orchestre est une personne *qui dirige un ensemble musical.*
2. Le boulanger est une personne ....
3. La voyante est une personne ....
4. Le chauffeur est une personne ....
5. L'infirmière est une personne ....

CHAPITRE 13
Les pronoms relatifs *qui* et *que*

4 Complétez comme dans l'exemple.

Définir une chose

flotte sur l'eau | roule sur les routes | a deux roues | ~~circule dans un tunnel~~ | vole

1. Le métro est un moyen de transport **qui circule dans un tunnel**.
2. Le bateau est un moyen de transport ....
3. L'avion est un moyen de transport ....
4. La voiture est un moyen de transport ....
5. La bicyclette est un moyen de transport ....

B   LE PRONOM RELATIF *QUE*

Que est COD et remplace une personne	Je vais inviter des amis. Tu ne connais pas mes amis. Je vais inviter des amis **que** tu ne connais pas.
Que est COD et remplace une chose	J'ai revu un film. J'aime beaucoup ce film. J'ai revu un film **que** j'aime beaucoup.

Attention : Devant une voyelle ou un *h* muet, *que* devient *qu'*.

5 Complétez avec *que* ou *qu'*.

1. Je n'aime pas les ceintures **que** vous vendez.
2. Nous n'avons pas le modèle .... vous demandez.
3. Ils ne vendent pas la marque .... Hélène cherche.
4. Je n'aime pas beaucoup les gants .... vous proposez.
5. Nous n'avons pas la taille .... vous voulez.
6. Je ne trouve pas les chaussettes .... elle veut.
7. Je n'aime pas la chemise .... il porte.
8. Elle adore le pull .... j'ai.

6 Faites une seule phrase avec *que* ou *qu'*.

1. Je ne connais pas les personnes. Vous cherchez ces personnes.
   Je ne connais pas les personnes **que vous cherchez**.
2. Qui est cette personne ? Tu regardes cette personne.
   Qui est la personne .... ?
3. Qui est le petit garçon ? Elle embrasse ce petit garçon.
   Qui est le petit garçon .... ?

112

CHAPITRE 13
Les pronoms relatifs *qui* et *que*

4. J'ai rencontré les gens. Il attend ces gens.

   J'ai rencontré les gens ....

5. Dans ce film, il y a une actrice. Tu adores cette actrice.

   Dans ce film, il y a une actrice ....

6. C'est un chanteur. J'écoute souvent ce chanteur.

   C'est un chanteur ....

7 Mettez dans l'ordre.
(Le premier mot commence par une majuscule.)

Exprimer ses goûts

1. les/déteste/Je/livres/lis/que/tu   **Je déteste les livres que tu lis.**
2. aime/Elle/les/n'/tu/pas/plats/prépares/que

   ....
3. amis/fréquentes/Je/les/tu/ne/supporte/que/pas

   ....
4. parfum/Il/mets/tu/détestes/le/que

   ....
5. que/Vous/robes/aimez/porte/les/pas/n'/je/?

   ....
6. musiques/pas/que/écoutes/supportent/Ils/tu/les/que/ne

   ....

BILAN

1 Complétez avec un pronom *qui*, *que* ou *qu'*.

Bonjour, je suis votre voisine !

1. J'habite l'appartement .... se trouve juste en face de chez vous.
2. Je vous présente Monsieur Bois .... remplace notre gardien, malade en ce moment.
3. Et voilà Madame Bois .... s'occupe du ménage de l'immeuble.
4. Alors, le petit jardin .... vous voyez là appartient aux habitants de l'immeuble.
5. Dans le quartier, nous avons aussi le parc des Sapins .... vous connaissez peut-être.
6. Le courrier arrive vers 9 h et il y a un facteur .... vient spécialement pour les paquets.
7. La petite épicerie .... est au coin de la rue reste ouverte jusqu'à 23h.
8. Pour aller au centre ville, vous avez des bus .... passent tous les quarts d'heure.
9. S'il y a encore des questions .... vous vous posez, vous me demandez, bien sûr !
10. Vous savez, c'est vraiment un quartier .... on découvre avec plaisir !

CHAPITRE 13
Les pronoms relatifs *qui* et *que* — Bilan

2 Complétez les annonces avec un pronom relatif.

Je cherche un coéquipier ………… (1) possède le permis bateau, libre en juillet et en août pour conduire un voilier ………… (2) est à La Rochelle et ………… (3) je dois laisser à la Martinique.
Contactez-moi au 04 05 06 07 08.

Je donne Bibi à une personne ………… (4) aime les animaux. Bibi est un petit chat ………… (5) a deux mois et ………… (6) sa méchante mère a abandonné. Bibi, ………… (7) est triste maintenant, attend votre coup de téléphone.
Contactez-moi au 01 02 07 08 09.

3 Complétez avec un pronom relatif.

Nathalie

J'aime ses yeux verts ………… (1) brillent, ses cheveux blonds ………… (2) bouclent, les beaux bijoux ………… (3) elle porte, les vêtements chic ………… (4) elle met, la cuisine ………… (5) elle fait mais je n'aime pas ces collègues ………… (6) elle invite tout le temps, les livres ………… (7) ses amis lui offrent, la musique ………… (8) elle écoute, son chien ………… (9) n'arrête pas de me mordre et sa mère ………… (10) dit toujours : « Ce garçon n'est pas bien pour toi ! ».

4 Complétez avec un pronom relatif et retrouvez l'objet.

un sac   une montre   des lunettes   un ticket de métro   une clé

1. C'est un objet ………… est petit, ………… on achète souvent et ………… s'utilise une seule fois.
   Qu'est-ce que c'est ? ……………………………………
2. C'est un objet ………… se porte au bras, ………… indique l'heure et ………… je ne regarde pas en vacances.
   Qu'est-ce que c'est ? ……………………………………
3. C'est un objet ………… est en métal, ………… s'utilise pour ouvrir une porte et ………… il ne faut pas perdre.
   Qu'est-ce que c'est ? ……………………………………
4. C'est un objet ………… renferme des objets importants, ………… intéresse les voleurs et ………… on porte sur le dos ou à la main.
   Qu'est-ce que c'est ? ……………………………………
5. C'est un objet ………… se met sur le nez, ………… aide à mieux voir et ………… est très fragile.
   Qu'est-ce que c'est ? ……………………………………

Vous pouvez faire l'évaluation 4, pages 136-137.

LE FUTUR PROCHE

CHAPITRE 14

➤ Faire des projets ➤ Parler d'une action immédiate

A LA FORME AFFIRMATIVE

FORMATION		
Je	vais	
Tu	vas	
Il / Elle / On	va	**sortir** ce soir.
Nous	allons	
Vous	allez	
Ils / Elles	vont	

Attention : pour les verbes pronominaux : *je vais me promener, elles vont se parler.*

1 Conjuguez les verbes au futur proche.

Parler d'une action immédiate

1. Vite, il faut se dépêcher, la banque *va fermer*. (**fermer**)
2. Oh là là ! Les invités .... (**arriver**) et rien n'est prêt.
3. Entrez, le spectacle .... (**commencer**)
4. Mesdames et Messieurs, nous .... (**décoller**) dans quelques instants !
5. Je ne comprends rien, c'est difficile !
   – Attends, je .... (**expliquer**) tout de suite.
6. Oh, regarde les nuages, il .... ! (**pleuvoir**)

2 Conjuguez les verbes au futur proche.

Le mariage de Catherine

1. Mon mari *va acheter* (**acheter**) un nouveau costume.
2. La couturière .... (**faire**) la robe de mariée.
3. Catherine .... (**préparer**) sa liste de mariage.
4. Mes enfants .... (**envoyer**) les faire-part.
5. Ses amis .... (**choisir**) les cadeaux sur la liste.
6. Moi, je .... (**commander**) les dragées.
7. Maman .... (**aller**) chez le coiffeur.
8. Tous ensemble, nous .... (**décorer**) la maison.

115

CHAPITRE 14
Le futur proche

3 Écrivez les questions comme dans l'exemple.
Faire des projets

1. – Je vais partir bientôt. – Quand **est-ce que tu vas partir** ?
2. – Il va revenir en train. – Comment .... ?
3. – Michel va déménager. – Pardon, qui .... ?
4. – Mes amis vont travailler à l'étranger. – Ah oui et où .... ?
5. – Elles vont quitter la ville. – Ah bon, pourquoi .... ?
6. – Nous allons étudier à l'université. – Et qu'... ?
7. – Je vais commencer à travailler. – Quand .... ?

4 Complétez avec un verbe au futur proche.
Parler d'une action immédiate

s'habiller chic   s'amuser   se maquiller un peu   se parfumer
~~se préparer rapidement~~   se déguiser   se dépêcher

1. Il est déjà 8 heures ! Je **vais me préparer rapidement**.
2. Pour aller à l'opéra, nous ....
3. Elle a mauvaise mine ; elle ....
4. Pour le carnaval, tu .... ?
5. La séance va commencer à 20 heures, on ....
6. Vous allez au cirque ce soir. Vous ....
7. J'ai une nouvelle eau de toilette, je .... un peu.

B LA FORME NÉGATIVE

LE CAS GÉNÉRAL	LES VERBES PRONOMINAUX
Je **ne** vais **pas** sortir.	Tu **ne** vas **pas** te promener.
Nous **n'**allons **pas** danser.	Ils/Elles **ne** vont **pas** s'asseoir.

5 Mettez à la forme négative.

1. Moi, je vais partir. Mais toi, tu **ne vas pas partir**.
2. Lui, il va rentrer tard. Mais moi, je .... tard.
3. Elle, elle va venir. Mais vous, vous ....

CHAPITRE 14
Le futur proche

4. Nous, nous allons finir à 8 heures. Mais eux, ils .... à huit heures.
5. Toi, tu vas rester. Mais moi, je ....
6. Moi, je vais prendre le métro. Mais, toi, tu .... le métro.
7. Vous, vous allez sortir en discothèque. Mais nous, nous .... en discothèque.

6 Mettez dans l'ordre. (Le premier mot de la phrase commence par une majuscule.)

L'enfant terrible

1. Aujourd'hui/ne/bonjour/vais/pas/je/dire
   Aujourd'hui je ne vais pas dire bonjour.
2. Je/ne/pas/vais/copains/aux/parler
   ....
3. professeur/répondre/vais/pas/Je/ne/au
   ....
4. avec/jouer/ne/pas/les/vais/autres/Je
   ....
5. leçons/vais/Je/les/ne/pas/apprendre
   ....
6. Je/exercices/pas/faire/vais/ne/les
   ....

7 Conjuguez les verbes au futur proche et à la forme négative.

Faire des projets

1. Ce soir, je vais travailler, je **ne vais pas me coucher** (se coucher) tôt.
2. Ce week-end, il va étudier, il .... (se promener)
3. Dimanche, vous allez déménager, vous .... (se reposer)
4. Cet été, nous allons voyager, nous .... (s'arrêter) chez nos parents.
5. La semaine prochaine, ils vont passer leur examen, ils .... (s'amuser)
6. Samedi soir, je vais à l'anniversaire d'un copain, je .... (s'ennuyer)

117

CHAPITRE 14
Le futur proche

BILAN

1 Associez puis écrivez la phrase au futur proche.

Qu'allez-vous faire cet été ?

1. Le professeur
2. L'artiste peintre
3. Le paresseux
4. Les amoureux
5. Le solitaire
6. Les enfants
7. Le voyageur
8. Les étudiants

a. s'allonger au soleil et dormir
b. se marier et organiser une fête
c. partir pour l'Afrique et s'arrêter en Tanzanie et au Kenya
d. aller à la plage et s'amuser dans le sable
e. se détendre après leurs examens et partir avec leurs copains
f. se présenter à des galeries et exposer
g. corriger les examens et se reposer en famille
h. partir dans le désert et se promener seul

1.	2.	3.	4.	5.	6.	7.	8.

1. Le professeur : « Je .... »
2. L'artiste peintre : « Je .... »
3. Le paresseux : « Je .... »
4. Les amoureux : « Nous .... »
5. Le solitaire : « Je .... »
6. Les enfants : « Nous .... »
7. Le voyageur : « Je .... »
8. Les étudiants : « Nous .... »

2 Mettez dans l'ordre. (Le premier mot commence par une majuscule.)

Le week-end de Nadine

1. amis/chez/des/enfants/Les/partir/vont
   ....
2. le/matin/On/réveiller/se/tard/va
   ....
3. bon/brunch/dimanche/matin/Patrick/préparer/un/va
   ....
4. à/la/l'après-midi/maison/On/ne/pas/rester/va
   ....
5. aller/bon/film/On/un/va /voir
   ....

118

Le futur proche — Bilan

6. dans/m'inviter/mon/Patrick/préféré/salon de thé/va

....

7. à/18 heures/la/maison/On/rentrer/va/vers

....

8. à/Charles et Sophie/de/fête/la/On/aller/va

....

9. amis/Ils/leurs/réunir/tous/vont

....

10. On/passer/spécial/très/un/va/week-end

....

3 Conjuguez les verbes au futur proche.

Visite à Versailles

Marcel : Qu'est-ce que tu .... (1) **(faire)** le week-end prochain ? Tu as des projets ?

Odette : Je ne suis pas encore très sûre mais je crois que je .... (2) **(se promener)** à Versailles.

Marcel : Bonne idée ! Tu sais quel temps il .... (3) **(faire)** ?

Odette : Beau, je crois.

Marcel : Tu .... (4) **(aller)** là-bas seule ?

Odette : Non, je .... (5) **(téléphoner)** à une amie. J'espère qu'elle .... (6) **(pouvoir)** venir avec moi.

Marcel : Et vous .... (7) **(pique-niquer)** dans le parc ?

Odette : Oui, bien sûr. Et toi, tu viens avec nous ?

Marcel : Non, malheureusement, je ne peux pas. Je .... (8) **(passer)** un examen bientôt et je .... (9) **(réviser)** tout le week-end. Alors, bonne journée à Versailles !

Odette : Merci. Et toi, bon courage !

CHAPITRE 15

LE PASSÉ COMPOSÉ

➤ Dire ce que l'on a fait

A   LE PARTICIPE PASSÉ

■ Les verbes en *-er*

Ils ont tous la même terminaison : **-é** (*commencé, parlé, dansé, envoyé...*).

1 Complétez le tableau.

	Infinitif	Participe passé
1. J'<u>écoute</u> la radio.	écouter	écouté
2. Tu <u>regardes</u> la télévision.	....	....
3. Nous <u>mangeons</u> du fromage.	....	....
4. Ils <u>dînent</u> tard le soir.	....	....
5. Paul et Nathalie <u>étudient</u> l'informatique.	....	....
6. Claire <u>aime</u> beaucoup les films romantiques.	....	....
7. Vous <u>déjeunez</u> vers 14 heures.	....	....
8. Tu <u>détestes</u> les cigarettes.	....	....

■ Les verbes en *-ir*, *-re* et *-oir*

Ils ont des formes très irrégulières : *-i* (fini), *-u* (bu), *-it* (écrit), *-is* (pris), *-ert* (offert).
Certains sont particuliers : avoir *(eu)*, être *(été)*, faire *(fait)*, vivre *(vécu)*, naître *(né)*, devoir *(dû)*.

2 Trouvez les participes passés et complétez le tableau.

apprendre	devoir	offrir	recevoir
boire	dire	ouvrir	réfléchir
choisir	écrire	partir	savoir
conduire	lire	pouvoir	sortir
courir	mettre	prendre	vouloir

CHAPITRE 15
Le passé composé

-i	-u	-it	-is	-ert
....	....	....	appris	....
....	....	....	....	....
....	....	....	....	....
....	....			
	....			
	....			
	....			

B — LE PASSÉ COMPOSÉ AVEC *AVOIR*

LA MAJORITÉ DES VERBES

J'**ai mis** un jean et un T-shirt.
Tu **as mangé** une excellente raclette.
Il
Elle | **a bavardé**.
On

Nous **avons bu** des boissons exotiques.
Vous **avez écouté** du jazz.
Ils
Elles | **ont pris** un taxi pour rentrer.

3 Associez.

1. Hervé
2. Nous
3. Vous
4. Tu
5. M. et Mme Leny
6. J'

a. avez regardé la télévision ?
b. as perdu quelque chose ?
c. ai eu très peur.
d. ont joué au tennis.
e. avons attendu longtemps.
f. a oublié ses clés.

1.	2.	3.	4.	5.	6.
f					

4 Conjuguez les verbes au passé composé.

Dire ce que l'on a fait

a |

Hier, au restaurant, j'*ai mangé* (1) (**manger**) six escargots, j'........................ (2) (**essayer**) les cuisses de grenouille et j'........................ (3) (**goûter**) le lapin à la moutarde. C'est curieux !

CHAPITRE 15
Le passé composé

b|

Mon fils est vraiment maladroit ! Hier soir, il .... (4) (**casser**) un verre en cristal, il .... (5) (**déchirer**) un billet de banque, il .... (6) (**brûler**) le tapis du salon, et pour finir, il .... (7) (**glisser**) dans l'escalier. Aujourd'hui ça va, il est au lit !

c|

Dimanche dernier, nous n'avons rien fait de spécial. Nous .... (8) (**déjeuner**) très tard, nous .... (9) (**regarder**) une cassette vidéo au lit, nous .... (10) (**écouter**) de la musique et nous .... (11) (**dîner**). Quel bon dimanche !

5 Conjuguez les verbes au passé composé.

Un peu de changement

1. D'habitude, Pascale boit du café au petit déjeuner, mais hier matin, elle *a bu* du thé.
2. D'habitude, je prends le métro. Hier, j'........................... le bus.
3. D'habitude, nous courons au Jardin des Tuileries. Dimanche dernier, nous .... au Luxembourg.
4. D'habitude, vous finissez votre travail à 18 heures. La semaine dernière, vous .... à 20 heures.
5. D'habitude, tu fais du vélo le dimanche. Dimanche dernier, tu .... de la marche à pied.
6. D'habitude, il met une veste pour aller au bureau. Hier, il .... un blouson.

6 Retrouvez l'ordre chronologique puis écrivez les phrases.

Dire ce que l'on a fait

Nathanaël a décidé de faire une randonnée à vélo en Provence. Qu'a-t-il fait avant de partir ?

1. choisir les villes à visiter
2. acheter des guides et des cartes de la région
3. téléphoner aux hôtels pour réserver une chambre
4. faire le choix des hôtels

1. *Il a acheté des guides et des cartes de la région.*
2. ....
3. ....
4. ....

CHAPITRE 15
Le passé composé

C — LE PASSÉ COMPOSÉ AVEC *ÊTRE*

QUATORZE VERBES ET LEURS COMPOSÉS	
aller – venir – monter – descendre – entrer – sortir – arriver – partir – rester – passer – naître – mourir – retourner – tomber	Je **suis descendu(e)** à la cave. Elle **est née** à Paris. Ils **sont morts** à Nice.

Attention ! Avec ces verbes, le participe passé se comporte comme un adjectif. Il peut être masculin, féminin, singulier ou pluriel : *ils sont rentrés très tard.*
Quelques composés : *revenir, devenir, rentrer, repartir...*

7 Soulignez la ou les forme(s) correcte(s) du participe passé.

1. Hier soir, je suis **rentré/rentrés/rentrée** vers minuit.
2. Je ne comprends pas, elle est **parti/partis/partie** la première et est **arrivé/arrivée/arrivés** la dernière !
3. Ma femme et moi, nous sommes **allés/allé/allées** sur la Côte d'Azur l'année dernière.
4. – Les filles, vous n'êtes pas **sortie/sortis/sorties** hier soir ?
   – Non, nous sommes **restée/restées/restés** à la maison.
5. Marc, tu es **venu/venue/venues** à quelle heure hier soir ?
6. Qu'est-ce qui s'est passé ma chérie, tu es **tombée/tombé/tombées** ?
7. Et vous Christine, vous êtes **nées/née/nés** en quelle année ?
8. Pour visiter la tour Eiffel, je suis **monté/montés/montées** en ascenseur mais je suis **descendu/descendue/descendues** à pied.

8 Accordez, si nécessaire, les participes passés.

1. Ma sœur est **allée** à Rome pour le week-end.
2. Mes parents sont **retourné**....... vivre en province.
3. Hier, Rémi et moi, nous sommes **sorti**....... en boîte, et nous sommes **rentré**....... vers 4 heures du matin.
4. Tu es **né**....... où, toi, Corinne ?
5. Mademoiselle, est-ce que vous êtes **passé**....... chez le directeur ?
6. Et vous, Henri, vous êtes **venu**....... en taxi ou en métro ?
7. Je m'appelle Charles. Je suis **arrivé**....... à Paris en 1992.

CHAPITRE 15
Le passé composé

9 Conjuguez les verbes au passé composé.

Dire ce que l'on a fait

Rapport de police

Le suspect **est sorti** (1) (**sortir**) de son domicile à 7 heures. Il .... (2) (**monter**) dans sa voiture et il .... (3) (**partir**). À 7 heures 20, il .... (4) (**arriver**) devant l'immeuble situé 70, rue de la Roquette. Il .... (5) (**entrer**), il .... (6) (**monter**) au 6ᵉ étage et il .... (7) (**rester**) deux heures dans l'appartement n° 64, chez Madame P. Selignac. Il .... (8) (**redescendre**), il .... (9) (**ressortir**) de l'immeuble, il .... (10) (**remonter**) dans sa voiture et il .... (11) (**aller**) au Bar des Amis, rue Sedaine. Il .... (12) (**rentrer**) chez lui à 11 heures 30.

10 Conjuguez les verbes au passé composé.

Dire ce que l'on a fait

a|
– Qu'est-ce que tu as fait hier soir, Céline ?
– Je **suis sortie** (1) (**sortir**) avec des amis, nous .... (2) (**aller**) au restaurant et nous .... (3) (**rentrer**) à minuit.

b|
– Qu'est-ce que vous avez fait pendant toutes ces années, Bernard et Sophie ?
– Nous .... (4) (**partir**) au Canada ;
nous .... (5) (**rester**) trois ans à Montréal,
nous .... (6) (**aller**) à Toronto ;
nous .... (7) (**revenir**) à Montréal six mois et puis
nous .... (8) (**rentrer**) en France.

c|
– Tu as vu les enfants ?
– Oui, ils .... (9) (**sortir**) ;
ils .... (10) (**rentrer**) ; ils .... (11) (**monter**) ; ils .... (12) (**descendre**). Des courants d'air !!!

CHAPITRE 15
Le passé composé

LES VERBES PRONOMINAUX	
Je **me suis réveillé(e)** à 8 heures. Tu **t'es levé(e)** assez tard. Il ⎤ Elle⎦ **s'est douché(e)** rapidement.	Nous **nous sommes arrêté(e)(s)** pour déjeuner. Vous **vous êtes assis(e)(s)** quelques instants. Ils ⎤ Elles⎦ **se sont couché(e)(s)** de bonne heure.

Attention ! Avec ces verbes, le participe passé se comporte comme un adjectif, c'est-à-dire qu'il peut être masculin, féminin, singulier ou pluriel : *elles se sont lavées.*

11 Soulignez la ou les forme(s) correcte(s) du participe passé.

1. Hélène et Patricia, vous vous êtes **douché/douchée/douchées** ? Vous allez être en retard !
2. Pendant les vacances, ma femme et moi, nous nous sommes bien **reposée/reposé/reposés** et nous nous sommes **baladé/baladée/baladés** dans la région.
3. Les enfants se sont bien **amusée/amusés/amusé** au parc d'attractions.
4. Le week-end dernier, nous nous sommes **retrouvés/retrouvée/retrouvées** entre filles pour faire la fête.
5. Aline s'est vraiment **ennuyée/ennuyé/ennuyées** à la conférence.
6. Hier soir, Charles s'est **couché/couchées/couchée** vers minuit.

12 Associez les mots et faites des phrases.

~~Julie, tu,~~	s'	sont	parfumée avec Chanel n° 5.
Elle	~~t'~~	est	rasé.
Mes amis	me	~~es~~	lavées ?
Corinne, Annie, vous	vous	suis	trompés de route.
Je	se	êtes	~~couchée tard ?~~

1. *Julie, tu t'es couchée tard ?*
2. ....
3. ....
4. ....
5. ....

13 Mettez au passé composé.

Dire ce que l'on a fait

a|

Suzanne sort avec des copains. Elle se prépare pendant deux heures. D'abord, elle se douche. Ensuite, elle se maquille et puis elle s'habille et elle se coiffe.

Hier, **Suzanne est sortie** avec des copains. ....
....
....

125

CHAPITRE 15
Le passé composé

b|

Le matin, ma femme, mes enfants et moi, nous nous réveillons vers 6 h 30. Je me lève tout de suite. Ma femme et les enfants se lèvent plus tard. Je me lave, je me rase et puis je m'habille. Ensuite, les enfants se douchent et se préparent. Nous nous retrouvons tous ensemble au petit déjeuner.

Hier matin, ...

....

....

D LA FORME NÉGATIVE

FORMATION	LES VERBES PRONOMINAUX
Je **n'**ai **pas** réfléchi. Il/Elle/On **n'a pas** compris. Ils/Elles **ne** sont **pas** parti(e)s tôt.	Je **ne** me suis **pas** reposé(e) longtemps. Vous **ne** vous êtes **pas** couché(e)s de bonne heure.

14 Mettez dans l'ordre. (Le premier mot commence par une majuscule.)

1. n'/pas/Solange/l'/venue/exposition/est/à/hier après-midi

   Solange n'est pas venue à l'exposition hier après-midi.

2. ai/au/dernier/dimanche/Je/joué/n'/pas/tennis

   ....

3. à/Elle/est/hier/la/matin/n'/pas/piscine/retournée

   ....

4. baignées/ce/matin/ne/Nous/sommes/pas/nous

   ....

5. dans/êtes/le/ne/parc/pas/promenés/Vous/vous/?

   ....

6. allés/au/cinéma/hier/Ils/ne/pas/soir/sont

   ....

15 Conjuguez les verbes au passé composé et à la forme négative.

1. – Hum ! Tu sens bon, Brigitte !

   – Mais ! Je *ne me suis pas parfumée !* (se parfumer)

2. – Vous avez l'air fatigué les filles !

   – Oui, nous .... (se reposer)

CHAPITRE 15
Le passé composé

3. – Jean a manqué son avion ?
   – Évidemment, il .... (se réveiller) à l'heure.
4. – Claire, tu as sommeil ?
   – J'ai fait la fête, je .... (se coucher)
5. – Céline est pâle !
   – C'est normal, elle .... (se maquiller)
6. – Avec mes copains, nous n'avons pas aimé Disneyland.
   – Ah bon ? Vous .... (s'amuser) ?

BILAN

1 Soulignez la forme correcte de l'auxiliaire.

Madame Durand : Mais vous avez le bras dans le plâtre ! Qu'est-ce qui vous **est/avez/êtes** (1) arrivé ? Vous **ai/avez/es** (2) eu un accident ? Vous **êtes/avez/suis** (3) tombé ?

Monsieur Martin : Oui, j'**as/ai/es** (4) glissé dans l'escalier et je **suis/sont/ai** (5) tombé sur le bras.

Madame Durand : Alors, qu'est-ce que vous **êtes/ont/avez** (6) fait ?

Monsieur Martin : J'**avons/as/ai** (7) appelé les pompiers, ils **sommes/ont/sont** (8) arrivés très rapidement. Ils m'**ont/sont/a** (9) transporté à l'hôpital et finalement tout s'**a/est/es** (10) bien terminé.

2 Conjuguez les verbes au passé composé.

Souvenir de la Côte d'Azur

Chère Brigitte,
Je suis en France depuis trois semaines et je voyage beaucoup. Le week-end dernier, je .... (1) (**aller**) à Nice. Samedi matin, ... (2) (**visiter**) la vieille ville et .... (3) (**déjeuner**) dans un restaurant niçois. .... (4) (**rester**) l'après-midi à la plage et .... (5) (**se baigner**). Le soir, ... (6) (**se promener**) sur le port et puis .... (7) (**rentrer**) à l'hôtel. Dimanche matin, ... (8) (**se lever**) tôt et .... (9) (**partir**) pour Monaco. .... (10) (**voir**) le palais. .... (11) (**acheter**) des cartes postales, ... (12) (**s'asseoir**) dans un café et .... (13) (**écrire**) à mes amis. À quatre heures, ... (14) (**retourner**) à Nice et .... (15) (**prendre**) l'avion pour Paris.

Bisous, Cécilia

CHAPITRE 15
Le passé composé — Bilan

3 Conjuguez les verbes au passé composé.

On se connaît ?

Robert : Excusez-moi, nous .... (1) **(ne pas se rencontrer)** ?
Nathalie : Je ne crois pas.
Robert : Pardon, je .... (2) **(ne pas se présenter)** : Robert Deflandre.
Nathalie : Nathalie Broyer.
Robert : Vous .... (3) **(ne pas aller)** à Hammamet, au Club Méditerranée, en juillet dernier ?
Nathalie : Ah, non, cette année, je .... (4) **(ne pas prendre)** de vacances. Je .... (5) **(rester)** tout l'été à Paris.
Robert : C'est curieux, je connais votre visage. Où est-ce que nous .... (6) **(se voir)** ? Vous .... (7) **(ne pas gagner)** au loto ? Vous .... (8) **(ne pas jouer)** à Roland-Garros ? Vous .... (9) **(ne pas avoir)** une médaille aux Jeux Olympiques ?
Nathalie : Non, non, et vous, vous .... (10) **(ne pas allumer)** la télévision hier soir ? Vous .... (11) **(ne pas regarder)** le journal télévisé ?
Robert : Non, je .... (12) **(ne pas pouvoir)**. J'.. (13) **(travailler)** tard. Après, je .... (14) **(rentrer)** et je .... (15) **(se coucher)** tout de suite.
Nathalie : Ah bon, c'est dommage, parce que vous savez, je présente la météo à la télévision !!!

Vous pouvez faire l'évaluation 5, pages 138-139.

Évaluations

ÉVALUATION 1

➤ **OBJECTIF** : les verbes au présent, l'interrogation et la négation
➤ **THÈME** : la vie étudiante
➤ **NOTE** : sur 50 points

Louise fait ses études à Paris

1 Complétez cette interview avec les verbes au présent.

Journaliste : Bonjour Louise. Vous .... (1) **(avoir)** le temps pour une interview ?
Louise : Oui. Vous .... (2) **(pouvoir)** me tutoyer, vous .... (3) **(savoir)**.
Journaliste : D'accord ! Tu .... (4) **(vouloir)** bien te présenter à nos auditeurs ?
Louise : Bien sûr. Voilà, je .... (5) **(s'appeler)** Louise.
J'........................... (6) **(avoir)** 18 ans. Je .... (7) **(venir)** de Montréal et maintenant, je .... (8) **(être)** à Paris pour étudier aux Beaux-Arts.
Journaliste : Tu .... (9) **(vivre)** seule à Paris ?
Louise : Non, je .... (10) **(partager)** un appartement avec une étudiante japonaise, Keiko. Elle .... (11) **(suivre)** les mêmes cours que moi.
Nous .... (12) **(aller)** ensemble à l'école. Il .... (13) **(falloir)** trente minutes environ.
Journaliste : Quels .... (14) **(être)** tes loisirs ?
Louise : Je .... (15) **(faire)** des bandes dessinées.
Journaliste : Tu .... (16) **(connaître)** bien Paris ?
Louise : Pas encore mais je .... (17) **(se promener)** beaucoup pour découvrir la ville.
Journaliste : Et le soir ?
Louise : En semaine, Keiko et moi, nous .... (18) **(ne pas sortir)** beaucoup parce que nous .... (19) **(devoir)** étudier. Mais le week-end, avec nos amis, nous .... (20) **(faire)** la fête.
Journaliste : Merci pour cette interview, Louise. Bon courage pour tes études.

| .. | SUR 20 |

2 Écrivez les questions posées à Louise.

1. – .... vous appelez-vous ?   – Louise Dupin.
2. – .... âge avez-vous ?   – 18 ans.
3. – Vous habitez .... ?   – Dans le centre de Paris.
4. – .... vous faites à Paris ?   – Je suis étudiante.
5. – .... profession voulez-vous faire ? – Professeur de dessin.
6. – .... voulez-vous faire du baby-sitting ? – Parce que j'aime les enfants.
7. – .... vous avez l'habitude des enfants ? – Oui, j'ai deux petits frères.

ÉVALUATION 1

8. – Vous aimez faire .... avec eux ? – Jouer et dessiner.
9. – Vous êtes libre .... ? – En fin de journée et le soir.
10. – .... jours ? – Le lundi et le mercredi.

.. sur 10

3 Complétez cette lettre avec les verbes au présent.

Paris, le 20 septembre

Chers parents,

Comment ça .... (1) (**aller**) ? Moi, très bien !
Je .... (2) (**être**) très heureuse ici. Mes études m'..................................
(3) (**intéresser**) beaucoup et la ville me .... (4) (**passionner**).
Malheureusement, mes cours .... (5) (**commencer**) très tôt !
Je .... (6) (**se lever**) à 7 heures, je .... (7) (**prendre**)
le petit déjeuner et après, je .... (8) (**aller**) à l'école en bus avec Keiko.
À midi, nous .... (9) (**ne pas avoir**) beaucoup de temps
alors nous .... (10) (**acheter**) souvent un sandwich et
nous .... (11) (**manger**) rapidement.
   J'.................................. (12) (**adorer**) mon travail de baby-sitter.
Je .... (13) (**croire**) que les deux enfants m'.................................. (14) (**aimer**)
bien et nous .... (15) (**s'amuser**) beaucoup.
Le soir, Keiko et moi, nous .... (16) (**ne rien faire**) de spécial. Souvent,
je .... (17) (**se doucher**), je .... (18) (**lire**)
un peu et je .... (19) (**s'endormir**) tout de suite !
   J'.................................. (20) (**attendre**) de vos nouvelles.

Grosses bises. À bientôt.

Louise

.. sur 20

TOTAL .. sur 50

131

ÉVALUATION 2

➤ **OBJECTIF** : l'expression du temps, les indications de lieu
➤ **THÈME** : le travail et les loisirs
➤ **NOTE** : sur 50 points

Les quatre cousines

1 Soulignez le mot correct.

Chloé vit **en/au** (1) Suisse, **sur/près de** (2) Genève. Elle est interprète **chez/dans** (3) une organisation internationale. Elle voyage **parfois/jamais** (4) **en/au** (5) Asie, plus particulièrement **au/à** (6) Japon parce qu'elle parle japonais. Ses parents habitent **au centre de/en** (7) Genève, **au bord du/en** (8) lac. En général, elle va **chez/à côté d'** (9) eux, **le week-end/un soir**. (10)

.. sur 10

2 Complétez le texte.

à l' | trois jours | en face de | souvent | le soir | chez | le dimanche | dans le | à | cinq jours de suite

Agnès habite seule .... (1) Paris, ... (2) 7e arrondissement. Elle travaille .... (3) hôpital Necker, elle est infirmière. Elle n'a pas de vie régulière : elle travaille .... (4) puis s'arrête .... (5), c'est mieux qu'un week-end ! Mais les journées sont difficiles et, ... (6), elle est .... (7) fatiguée ; heureusement, son studio est .... (8) l'hôpital. Quand elle est libre .... (9), elle invite des amis .... (10) elle.

.. sur 10

3 Soulignez le mot correct.

Rose est factrice à Andes, **à côté de/en** (1) Nîmes, dans le sud de la France. **Le matin/ce matin** (2), elle se lève tôt et prend son vélo pour porter les lettres **aux/avec les** (3) gens du village. **Vers/au bout de** (4) 13 h, elle finit son travail ; alors, elle retrouve ses passions. **En/au** (5) hiver, elle reste **chez/à** (6) elle pour classer sa collection de cartes téléphoniques. **Au/en** (7) printemps, elle se promène **dans la/chez la** (8) campagne **autour de/par** (9) Nîmes ; elle va **jusqu'à/sous** (10) la rivière et elle se baigne ou elle lit et... elle pense aux vacances !

.. sur 10

ÉVALUATION 2

4 Mettez dans l'ordre.

1. Nina/sud-ouest/bien/connaît/le
....
2. sur/atlantique/la/Elle/née/côte/est
....
3. Elle/à/mairie/la/est/secrétaire
....
4. travaille/9h/de/à/midi/Elle/de/et/à/14h/17h
....
5. déjeune/chez/Elle/ne/elle/pas
....
6. bureau/ne/pas/au/Elle/le/après-midi/vendredi/va
....
7. de/sort/soir/temps/temps/le/Elle/en
....
8. Elle/plage/aime/en/à/la/été/aller
....
9. août/Elle/ses/en/retrouve/cousines/prochain
....
10. montagne/la/vont/à/Elles/ensemble
....

.. sur 10

5 Complétez cet e-mail.

à la   bientôt   le 1er juin   le   au   à la fin   entre   dans   jusqu'au   tous les jours

De : Rose@sopad.fr
À : Marie@merf.fr
Objet : rendez-vous à Chamonix

Andes, ... (1).

Mes chères cousines !

.... (2) deux mois, nous sommes ensemble ! Super ! Rendez-vous .... (3) gare de Chamonix .... (4) 1er août .... (5) 17 h et 18 h, ... (6) café de la gare.
Programme : du sport ! Et beaucoup de promenades .... (7) et une ascension .... (8) sommet du Mont-Blanc .... (9) des vacances. D'accord ?
À .... (10).
Bises.
Rose

.. sur 10   TOTAL .. sur 50

ÉVALUATION 3

➤ **OBJECTIF :** le nom, le déterminant (les articles définis…), le comparatif, les adjectifs qualificatifs
➤ **THÈME :** les vacances
➤ **NOTE :** sur 50 points

Les vacances en Martinique

1 Complétez avec des déterminants.

Cécile : Tu pars où en vacances, ... (1) année ?
Véronique : En Martinique, comme tous .... (2) étés.
.... (3) parents louent .... (4) villa au sud de .... (5) île. C'est formidable parce que maintenant nous connaissons bien .... (6) habitants .... (7) village.
Tu connais .... (8) endroit paradisiaque ?
Cécile : Non, malheureusement.
Amélie : Tiens, lis .... (9) petit prospectus.
Il y a .... (10) informations intéressantes !

.. sur 10

2 Accordez les adjectifs pour compléter le prospectus.

(1) officiel (2) quotidien (3) agréable (4) doux (5) chaud (6) sec (7) humide (8) haut
(9) beau (10) tropical (11) nombreux (12) pittoresque (13) long (14) blanc (15) postal

À la Martinique, la langue .... (1) est le français, mais dans la vie .... (2), la population parle créole. Le climat est .... (3). Les températures, très .... (4) varient entre 22 et 30 degrés. La mer est toujours .... (5).
La saison .... (6) dure de janvier à avril ; la saison .... (7) de juillet à novembre. La plus .... (8) montagne est la Montagne Pelée (1 397 m). Dans cette partie de l'île, on trouve une .... (9) forêt avec des arbres .... (10).
Au sud, il y a de .... (11) baies très .... (12).
La .... (13) plage .... (14) des Salines ressemble à une carte .... (15) !

.. sur 15

ÉVALUATION 3

3 Complétez avec des adjectifs possessifs.

Amélie, tu dois prendre : (1) .... maillot de bain.
(2) .... lunettes de soleil.
(3) .... crème solaire.

Véronique, elle, doit penser à : (4) .... grande serviette.
(5) .... sandales.
(6) .... baladeur.

Les parents doivent emporter : (7) .... carte de crédit.
(8) .... téléphone portable.
(9) .... papiers d'identité.
(10) .... billets d'avion.

.. sur 10

4 Complétez la carte postale avec des déterminants et des comparatifs.

Chère mamie, cher papy,

Je passe .... (1) vacances merveilleuses ici. .... (2) mer est idéale et je me baigne tous .... (3) jours et je joue .... (4) volley sur .... (5) plage. Véronique, elle, lit .... (6) livre sur .... (7) histoire de .... (8) île dans .... (9) chambre.

Nous mangeons beaucoup de fruits. C'est fantastique ! Ici, ils sont très bons, ... (10) qu'en France : ils sont .... (11) sucrés, ... (12) gros et il y a .... (13) choix.

J'espère que vous passez d' .... (14) bonnes vacances que nous, avec .... (15) soleil qu'ici.

Je vous embrasse tous les deux.

                                    Amélie

Monsieur et Madame Bois
32 rue de la Villette
75019 PARIS

.. sur 15

TOTAL .. sur 50

135

ÉVALUATION 4

> **OBJECTIF :** la quantité, le pronom *en*, les pronoms compléments d'objet, les pronoms relatifs *qui* et *que*
> **THÈME :** les courses
> **NOTE :** sur 50 points

Monsieur Lebon fait les courses

1 Complétez le message de Mme Lebon à son mari.

cinq   un gros morceau   six bouteilles   un sac   un paquet
huit cannettes   un pot   une   une plaquette   un kilo

Chéri, je pars travailler. Je te laisse quelques indications pour les courses du week-end. Est-ce que tu peux acheter .... biscottes (1), ... beurre (2), ... miel (3), ... steaks (4), ... pommes de terre (5), ... salade (6), ... eau (7), ... bière (8), ... fromage à fondue (9), ... pêches (10) ?
À plus tard, bisous.

Aude

.. sur 10

2 Complétez le résumé de M. Lebon avec *du*, *des*, *de la* ou *de l'*.

« Donc, il faut .... biscottes (1), ... beurre (2), ... miel (3), ... steaks (4), ... pommes de terre (5), ... salade (6), ... eau (7), ... bière (8), ... fromage (9), ... pêches (10) ».

.. sur 10

3 Complétez le dialogue avec des pronoms relatifs ou des pronoms compléments d'objet direct.

– Allô chéri ? Pour les courses .... (1) tu dois faire, tout est clair ?
– Oui, oui. Tu as des précisions à me donner ?
– Oui, surtout achète les biscottes .... (2) j'aime, tu sais bien, tu .... (3) prends chez l'épicier, avec les boissons, le beurre et le miel .... (4) on prend d'habitude.
– D'accord.

ÉVALUATION 4

– Ensuite, les pommes de terre, la salade et les fruits, tu .... (5) achètes chez le marchand .... (6) se trouve juste à l'entrée du marché, tu vois ?
– Heu, oui.
– Puis, tu vas chez le fromager et tu demandes le fromage à fondue, tu .... (7) choisis bien.
– C'est tout ?
– Non, l'eau, tu ne .... (8) oublies pas ! Tu peux prendre six bouteilles, mais pas de l'eau .... (9) pétille ! Les bières, tu .... (10) mets au réfrigérateur tout de suite ! Prends la bière .... (11) mon père achète toujours ! Et attention, l'argent .... (12) est dans le porte-monnaie, tu ne .... (13) dépenses pas.
– Mais je paie comment ?
– Avec ta carte de crédit !

.. sur 13

4 Complétez le monologue avec des pronoms complément d'objet direct ou indirect.

Qui peut .... (1) aider à faire les courses ? Les enfants, je .... (2) emmène ? Je .... (3) demande de venir avec moi ? Ou peut-être le père d'Aude, je .... (4) téléphone ? Oui, mais si je .... (5) dérange ? Bon, je vais commander sur Internet, c'est plus simple. Ils livrent tout dans la journée.

.. sur 5

5 Complétez avec des pronoms.

Alors la bière, j'............ (1) prends huit cannettes, de la brune. L'eau, j'............ (2) commande beaucoup, mais je .... (3) prends pétillante, c'est meilleur ! Les steaks, je n'............ (4) veux pas, je préfère un bon poisson. Bon, la salade verte, il .... (5) faut une, je .... (6) prends très grosse. Des pommes de terre, je n'............ (7) commande pas. Les haricots verts, c'est meilleur ! Les biscottes pour Aude, maintenant. Elle .... (8) mange trop ! Je vais .... (9) dire qu'ils n'............ (10) ont pas et je prends du pain ! Et bien sûr, je règle avec la carte de crédit d'Aude : elle .... (11) laisse toujours sur la table dans l'entrée. Ah, et je .... (12) offre des fleurs ! Parfait ! Internet, c'est vraiment super !

.. sur 12

TOTAL .. sur 50

ÉVALUATION 5

➤ **OBJECTIF :** le futur proche et le passé composé
➤ **THÈME :** la Saint-Nicolas
➤ **NOTE :** sur 50 points

Aujourd'hui, c'est le 6 décembre... Cécile, Arthur, Antoine et leurs parents sont heureux de fêter, comme chaque année, la Saint-Nicolas. Cette fête est très importante en Alsace et dans l'est de la France.

1 Mettez les verbes au futur proche.

Vous .... (rester) (1) calmes les enfants ! Si vous êtes sages, on .... (passer) (2) une bonne soirée. Vite, je .... (se dépêcher) (3), je .... (préparer) (4) le salon. Papa .... (décorer) (5) la maison avec des guirlandes. Cécile, tu .... (s'occuper) (6) du gâteau, tu .... (faire) (7) le même que l'année dernière, d'accord ? Antoine .... (t'aider) (8). Antoine et moi, nous .... (mettre) (9) la table. On .... (inviter) (10) papy et mamie. Arthur, tu .... (téléphoner) (11). Ils .... (être) (12) contents. Il .... (falloir) (13) faire vite parce que Saint-Nicolas .... (arriver) (14) vers 19 heures, je pense. Cette année encore, vous .... (être) (15) gâtés !

.. **sur 15**

2 Complétez les questions de Saint-Nicolas avec les verbes au passé composé.

« Alors, les enfants...

1. Vous .... (être) sages ?
2. Vous .... (obéir) à vos parents ?
3. Vous .... (aider) votre maman ?
4. Vous .... (ne pas mentir), j'espère !
5. Toi, Arthur, tu .... (ne pas se mettre) en colère pour rien ?
6. Vous .... (avoir) de bons résultats à l'école ?
7. Ta sœur .... (travailler) son piano régulièrement ?
8. Vous .... (ne pas manger) trop de chocolats ?
9. Ton petit frère .... (ne pas faire) de caprices ?
10. Et toi, Arthur, tu .... (ne pas arriver) en retard à l'école ?
11. Vos professeurs .... (être) contents de vous ?
12. Ils vous .... (donner) des images ? »

.. **sur 12**

ÉVALUATION 5

3 Complétez avec les verbes au passé composé ou au futur proche.

Les bonnes résolutions du père

– Je sais, ma chérie, je .... (1) **(ne pas être)** gentil avec toi ces derniers temps. En janvier, je .... (2) **(ne pas se souvenir)** de ton anniversaire ! Mais à partir d'aujourd'hui, tu .... (3) **(voir)**, ça .... (4) **(changer)**. Je .... (5) **(penser)** à toi et nous .... (6) **(sortir)** tous les deux plus souvent ! Ces derniers mois, tu .... (7) **(s'occuper)** des enfants toute seule et je .... (8) **(ne pas participer)** au travail de la maison.
– Oui, c'est vrai, tu .... (9) **(rentrer)** tard en général, mais tu sais, avec les enfants ça .... (10) **(se passer)** sans problèmes. Et ils .... (11) **(penser)** à mon anniversaire, eux !

.. sur 13

4 Mettez dans l'ordre le journal intime d'Antoine.

1. hier/Saint-Nicolas/soir/est/pendant/venu/le/dîner
2. à/moi/de/côté/Il/s'/assis/est
3. comme/l'/dernière/Je/année/n'/pas/peur/eu/ai
4. avec/Il/discuté/nous/a
5. Les/garçons/répondu/questions/à/ont/ses
6. gâteau/succès/a/Mon/eu/du
7. très/part/grosse/a/Saint-Nicolas/mangé/une
8. avant/de/partir/des/chocolats/laissé/Il/a
9. Je/Cette/bien/année/travailler/vais/à/école/l'
10. content/Saint-Nicolas/l'/année/va/prochaine/de/moi/être/!

Le 7 décembre,
1. ....
2. ....
3. ....
4. ....
5. ....
6. ....
7. ....
8. ....
9. ....
10. ....

.. sur 10

TOTAL .. sur 50

CORRIGÉS DES ÉVALUATIONS

ÉVALUATION 1

■ **Exercice 1**
1. avez.
2. pouvez.
3. savez.
4. veux.
5. m'appelle.
6. ai.
7. viens.
8. suis.
9. vis.
10. partage.
11. suit.
12. allons.
13. faut.
14. sont.
15. fais.
16. connais.
17. me promène.
18. ne sortons pas.
19. devons.
20. faisons.

■ **Exercice 2**
1. Comment.
2. Quel.
3. où.
4. Qu'est-ce que.
5. Quelle.
6. Pourquoi.
7. Est-ce que.
8. quoi.
9. quand.
10. Quels.

■ **Exercice 3**
1. va.
2. suis.
3. intéressent.
4. passionne.
5. commencent.
6. me lève.
7. prends.
8. vais.
9. n'avons pas.
10. achetons.
11. mangeons.
12. adore.
13. crois.
14. aiment.
15. nous amusons.
16. ne faisons rien.
17. me douche.
18. lis.
19. m'endors.
20. attends.

ÉVALUATION 2

■ **Exercice 1**
1. en.
2. près de.
3. dans.
4. parfois.
5. en.
6. au.
7. au centre de.
8. au bord du.
9. chez.
10. le week-end.

■ **Exercice 2**
1. à.
2. dans le.
3. à l'.
4. cinq jours de suite.
5. trois jours.
6. le soir.
7. souvent.
8. en face de.
9. le dimanche.
10. chez.

■ **Exercice 3**
1. à côté de.
2. Le matin.
3. aux.
4. Vers.
5. En.
6. chez.
7. Au.
8. dans la.
9. autour de.
10. jusqu'à.

■ **Exercice 4**
1. Nina connaît bien le sud-ouest.
2. Elle est née sur la côte atlantique.
3. Elle est secrétaire à la mairie.
4. Elle travaille de 9 h à midi et de 14 h à 17 h.
5. Elle ne déjeune pas chez elle.
6. Elle ne va pas au bureau le vendredi après-midi.
7. Elle sort de temps en temps le soir.
8. Elle aime aller à la plage en été.
9. Elle retrouve ses cousines en août prochain.
10. Elles vont (ensemble) à la montagne (ensemble).

■ **Exercice 5**
1. le 1er juin.
2. Dans.
3. à la.
4. le.
5. entre.
6. au.
7. tous les jours.
8. jusqu'au.
9. à la fin.
10. bientôt.

ÉVALUATION 3

■ **Exercice 1**
1. cette.
2. les.
3. Mes – Nos.
4. une.
5. l'.
6. les.
7. du.
8. cet.
9. ce.
10. des.

■ **Exercice 2**
1. officielle.
2. quotidienne.
3. agréable.
4. douces.
5. chaude.
6. sèche.
7. humide.
8. haute.
9. belle.
10. tropicaux.
11. nombreuses.
12. pittoresques.
13. longue.
14. blanche.
15. postale.

■ **Exercice 3**
1. ton.

CORRIGÉS DES ÉVALUATIONS

2. tes.
3. ta.
4. sa.
5. ses.
6. son.
7. leur.
8. leur.
9. leurs.
10. leurs.

■ Exercice 4
1. des.
2. La.
3. les.
4. au.
5. la.
6. un – son.
7. l'.
8. l' – cette.
9. sa – la.
10. meilleurs.
11. plus.
12. plus.
13. plus de.
14. aussi.
15. autant de.

ÉVALUATION 4

■ Exercice 1
1. un paquet de.
2. une plaquette de.
3. un pot de.
4. cinq.
5. un sac de.
6. une.
7. six bouteilles d'.
8. huit cannettes de.
9. un gros morceau de.
10. un kilo de.

■ Exercice 2
1. des.
2. du.
3. du.
4. des.
5. des.
6. de la.
7. de l'.
8. de la.
9. du.
10. des.

■ Exercice 3
1. que.
2. que.
3. les.
4. qu'.
5. les.
6. qui.
7. le.
8. l'.
9. qui.
10. les.
11. que.
12. qui.
13. le.

■ Exercice 4
1. m'.
2. les.
3. leur.
4. lui.
5. le.

■ Exercice 5
1. j'en.
2. j'en.
3. la.
4. n'en.
5. en.
6. la.
7. n'en.
8. en.
9. lui.
10. n'en.
11. la.
12. lui.

ÉVALUATION 5

■ Exercice 1
1. allez rester.
2. va passer.
3. vais me dépêcher.
4. vais préparer.
5. va décorer.
6. vas t'occuper.
7. vas faire.
8. va t'aider.
9. allons mettre.
10. va inviter.
11. vas téléphoner.
12. vont être.
13. va falloir.
14. va arriver.
15. allez être.

■ Exercice 2
1. avez été.
2. avez obéi.
3. avez aidé.
4. n'avez pas menti.
5. ne t'es pas mis.
6. avez eu.
7. a travaillé.
8. n'avez pas mangé.
9. n'a pas fait.
10. n'es pas arrivé.
11. ont été.
12. ont donné.

■ Exercice 3
1. n'ai pas été.
2. ne me suis pas souvenu.
3. vas voir.
4. va changer.
5. vais penser.
6. allons sortir.
7. t'es occupée.
8. n'ai pas participé.
9. es rentré.
10. s'est passé.
11. ont pensé.

■ Exercice 4
1. Saint-Nicolas est venu pendant le dîner hier soir.
2. Il s'est assis à côté de moi.
3. Je n'ai pas eu peur comme l'année dernière.
4. Il a discuté avec nous.
5. Les garçons ont répondu à ses questions.
6. Mon gâteau a eu du succès.
7. Saint-Nicolas a mangé une très grosse part.
8. Il a laissé des chocolats avant de partir.
9. Cette année, je vais bien travailler à l'école.
10. Saint-Nicolas va être content de moi l'année prochaine !

141

INDEX GRAMMATICAL

A

À :
- *à la, à l', au(x)* **67**, 68
- préposition de lieu **51**, **52**, **53**, **54**, **55**, 56
- préposition de temps 46, 47

Adjectifs démonstratifs **71**, 72, 73
Adjectifs possessifs **73**, 74, 75
Adjectifs qualificatifs :
- masculin – féminin **77**, 78, 79, 80
- singulier – pluriel **80**, 81, 82
- place de l'adjectif **82**, 83, 84

Adverbes :
- adverbes de fréquence 47
- adverbes de quantité **95**, 96

Aller :
- présent 12
- *aller* + infinitif
 (voir Futur proche)

Article :
- articles définis 50, **63**, 64, 65, 66, 92
- articles indéfinis **63**, 64, 65, 66
- articles contractés **67**, 68
- articles partitifs **92**, 93, 94, 95

Aussi... que (qu') **86**, 87, 88
Autant de... que (qu') **88**, 89, 90

Avoir :
- présent **5**, 6
- avoir et la négation 35
- auxiliaire (passé composé) **121**, 122

C

Ce, cet, cette, ces
(voir Adjectifs démonstratifs)
C'est 7
Chez **53**, 54

Combien (de) ? 99
Comment ? (Voir Interrogation)
Comparaison :
- avec un adjectif et un adverbe **86**, 87, 88
- avec un nom **88**, 89
- avec un verbe **89**, 90

D

Dans (préposition de lieu) 54, 55, 56
De (préposition de lieu) **52**, 53
Démonstratifs
(voir Adjectifs démonstratifs)
Devoir **18**, 19, 20, 21

E

En :
- préposition de lieu **51**, 52
- préposition de temps **43**, 44, 45, 46
- pronom complément **96**, 97, 98, 99

Est-ce que (voir Interrogation)
Être :
- présent **5**, 7, 8
- auxiliaire **123**, 124, 125, 126, 127

F

Faire **15**, 16
Falloir **18**, 21
Futur proche **115**, 116, 117

G

Genre
(voir Masculin et Féminin)

I

Indicatif
(voir Présent, Futur proche, Passé composé)
Interrogation :
- avec intonation **26**, 27, 28
- avec *est-ce que* **24**, 25, 26, 27, 28
- avec inversion **26**, 27, 28
- avec un adverbe interrogatif (*où, quand...*) **25**, 26, 27, 28, 99
- avec *quel* 28, **29**

J

Jamais (voir Négation)

L

Le, la, l', les :
- articles définis 50, **63**, 64, 65, 66, 92
- pronoms compléments d'objet directs **102**, 103, 104

Leur, lui
(voir Pronoms compléments d'objet indirects)
Leur, leurs
(voir Adjectifs possessifs)
Lieu (l'expression du lieu) 50, **51**, **52**, **53**, **54**, **55**, 56, 57

M

Meilleur, mieux **86**, 87, 88
Moins (de)... que **86**, 87, **88**, 89, 90
Mon, ma, mes
(voir Adjectifs possessifs)

INDEX GRAMMATICAL

N

Négation :
– *ne (n')... jamais* **47**, 48
– *ne (n')... pas* **32**, 33, 34, 35, 36, 37, 38, 65, 66, **96**
– *ne (n')... personne* **39**
– *ne (n')... rien* **40**
– négation et verbes pronominaux **38**
– négation et futur proche **116**, 117
– négation et passé composé **126**, 127
– négation et pronoms compléments **106**, 107

Nom :
– masculin ou féminin **60**, **61**, 62
– singulier ou pluriel **62**, 63

Notre, nos
(voir Adjectifs possessifs)

O

Où (voir Interrogation)

P

Participe passé
(voir Passé composé)
Partitif (voir Article partitif)
Passé composé :
– avec *avoir* **121**, 122
– avec *être* **123**, 124, 125, 126, 127
– participe passé **120**, 121
Personne (voir Négation)
Plus (de)... que **86**, 87, **88**, **89**, 90
Possessifs
(voir Adjectifs possessifs)
Pourquoi (voir Interrogation)

Pouvoir **18**, 19, 20, 21
Prépositions :
– prépositions de temps **46**, 47
– prépositions de lieu **51**, **52**, **53**, **54**, **55**, 56, 57
Présent de l'indicatif :
– être **5**, 7, 8
– avoir **5**, 6
– verbes en *-er* **10**, 11, 12, 13, 14
– verbes réguliers en *-ir* **14**, 15
– autres verbes en *-ir, -oir, -re* **15**, 16
– verbes modaux **18**, 19, 20, 21, 37, 38
– verbes pronominaux **17**, 18, **116**, 117, **125**, 126

Pronoms :
– pronoms sujets **6**
– pronoms toniques **6**
– pronoms compléments :
  • directs **102**, 103, 104
  • indirects **104**, 105, 106
– pronoms relatifs **110**, 111, **112**, 113
– pronom *en* **96**, 97, 98, 99

Q

Quand (voir Interrogation)
Quantité **92**, 93, **94**, **95**, 96, 97, 98, 99
Que :
– pronom interrogatif **25**, 26, 27, 28
– pronom relatif **112**, 113
Quel(le)s 28, **29**
Qu'est-ce que... comme **28**
Question (voir Interrogation)
Qui :
– pronom interrogatif **25**, 26, 27, 28

– pronom relatif **110**, 111, 112
Quoi (voir Interrogation)

R

Relatifs (voir Pronoms relatifs)
Rien (voir Négation)

S

Savoir **18**, 19, 20, 21
Son, sa, ses
(voir Adjectifs possessifs)

T

Temps (expressions de temps) **43**, 44, 45, 46, 47, 48
Ton, ta, tes
(voir Adjectifs possessifs)

U

Un, une **63**, 64, 65, 66

V

Verbes :
– verbes en *-er* **10**, 11, 12, 13, 14
– verbes réguliers en *-ir* **14**, 15
– autres verbes en *-ir*, en *-oir*, en *-re* **15**, 16
– verbes modaux **18**, 19, 20, 21, 37, 38
– verbes pronominaux **17**, 18, 116, 117, 125, 126
Votre, vos
(voir Adjectifs possessifs)
Vouloir **18**, 19, 20, 21

Les chiffres **en gras** font référence aux tableaux « aide-mémoire ».

INDEX DES OBJECTIFS FONCTIONNELS PAR CHAPITRE

L'action

dire ce que l'on fait	**ch. 2, ch. 5, ch. 7**
dire ce que l'on a fait	**ch. 15**
faire des projets	**ch. 14**
informer sur le moment, la fréquence :	
– le jour	**ch. 5**
– le moment de la journée	**ch. 5**
– la date	**ch. 5**
– la saison	**ch. 5**
– la fréquence	**ch. 5**
parler d'une action immédiate	**ch.14**

Les choses

caractériser une chose	**ch. 9**
comparer des choses	**ch. 10**
définir une chose	**ch. 13**
désigner une chose	**ch. 8**
énumérer des choses	**ch. 7**
indiquer l'appartenance	**ch. 8**
informer sur les choses	**ch. 4**
préciser la quantité, le nombre	**ch. 11**
s'informer sur le nombre	**ch. 11**

Le lieu

caractériser un lieu	**ch. 9**
comparer des lieux	**ch. 10**
décrire un lieu	**ch. 7**
indiquer le chemin	**ch. 6**
préciser un lieu :	
– préciser le pays	**ch. 6**
– en général	**ch. 6**
situer un lieu	**ch. 6**

La personne

caractériser une personne	**ch. 9**
comparer des personnes	**ch. 10**
définir une personne	**ch. 13**
demander des informations	**ch. 3**
donner des directives	**ch. 12**
donner son avis	**ch. 4, ch. 9**
exprimer ses goûts	**ch. 7, ch. 13**
informer sur les personnes :	
– âge	**ch. 1**
– caractère	**ch. 4**
– nationalité	**ch. 1**
– profession	**ch. 1, ch. 7**
– en général	**ch. 4, ch. 6, ch. 7, ch. 8, ch. 12**
présenter une personne	**ch. 1**
se présenter	**ch. 2**

Imprimé en Italie par Rotolito Lombarda
Dépôt légal : 03/2011 - Collection 23 - Édition 10
15-5133-2